Irmela Redhead
Astrid Thiele-Petersen

KONFI-ZEIT PRAKTISCH

Das pädagogische Praxishandbuch für die Konfi-Arbeit

INHALTSVERZEICHNIS

EINLEITUNG

Wie wird eigentlich eine gelingende Konfi-Einheit aufgebaut? Was kann ich tun, wenn niemand redet oder alle gleichzeitig kichern? Warum ist es sinnvoll, Gruppenphasen und -prozesse zu kennen und zu beachten? Warum entsprechen Spiel- und Methodenvielfalt tiefgehenden Bildungsprozessen? Warum ist es wichtig, dass die Konfis selbst erforschen können? Wie können die Fragen, Gedanken, Haltungen der Konfis mit biblischen Geschichten in Beziehung treten? Wie können Konfis herausfinden, was für ihr eigenes Leben wertvoll ist?

Glaube ist etwas sehr Persönliches. Gleichzeitig möchte Glaube Nahrung haben, gebildet werden – nicht in Vorträgen, was »zum Glauben zentral ist«, sondern in einer aktiven Auseinandersetzung, was »das Ganze« mit mir, meinen Liebsten und meinem Leben zu tun hat. Das zu ermöglichen braucht ein Zusammenspiel von theologischem und pädagogischem Know-how, Wissen um didaktische Zusammenhänge und kommunikative Prozesse sowie psychologische Feinfühligkeit.
Wenn sich die gemeindlichen Aufgaben verdichten, ist der Griff zu Arbeitsblättern oder das Halten von Monologen vor der Gruppe schnell getan. Das langweilt alle Beteiligten. Konfi-Zeit kann und soll ein Gesamtgeschehen sein, das sich auf die Interessen und Lebenswirklichkeit der Konfis einlässt und ihnen Bibel, Glauben und Kirche als Welt-, Lebens- und Selbstdeutung anbietet. Denn: Die Konfis entscheiden, ob der christliche Glaube ihre Lebensgrundlagen bereichert oder nicht, ob sie sich ernst genommen fühlen, ob und wie lange sie zu einer Kirche gehören wollen. Sie spüren

genau: Ist das Angebot auf sie abgestimmt oder spult die Leitung nur ab, was sie seit Jahren in der Schublade hat?
In diesem Buch stellen wir pädagogisches Grundwissen dar und bieten Ideen zur Umsetzung in der Konfi-Gruppe an. Wir hoffen, dass es hilft, Hintergründe zu verstehen und geeignete Lösungen zu finden, damit die Konfi-Zeit eine wertvolle und fröhliche Zeit für alle Beteiligten wird.

Einige Hinweise zum Buch:

- Dieses Buch lässt sich von vorne nach hinten als Grundlagenwerk durchlesen. Es lässt sich aber auch als Nachschlagewerk einzelner Aspekte nutzen. Durch dieses Anliegen werden manchmal Aussagen in Variationen wiederholt. Sie ergänzen sich gegenseitig.
- In jedem (Unter-)Kapitel nehmen wir Bezug auf die Gestaltung der Konfi-Zeit, so dass schon bei den Grundlagen im ersten Teil Ideen zur Umsetzung mitgegeben werden. Um ein schnelles Erfassen zu ermöglichen, arbeiten wir oft mit Aufzählungen wie dieser hier.
- Wir sprechen von Konfi-Zeit, wenn wir von der gesamten konkret verbrachten Zeit mit den Konfis sprechen; von Konfi-Arbeit, wenn das Drumherum an Vorbereitung, Konzeption, Teambuilding u.a. einbezogen wird. Das Wort Konfi-Einheit umfasst das Treffen mit dem Spannungsbogen von Beginn bis zum Ende – unabhängig von der zeitlichen Dauer vor Ort. Das können je nach Modell (zwei-)wöchentliche 90 Minuten, ein monatlicher Konfi-Tag oder ein Modul im KonfiCamp sein.
- Die pädagogischen Grundlagen sind *grundsätzlich* und damit unabhängig von dem Konfi-Modell vor Ort.

- Für dieses Buch nutzen wir die Bibelausgabe »Lutherbibel 2017«, für den direkten Einsatz vor Ort gibt es viele Gründe für diese oder eine andere Bibelübersetzung.
- In der Konfi-Arbeit wirken viele mit. Deshalb schreiben wir ›Konfi-Leitende‹, die ›Leitung‹ oder ›Verantwortliche‹ für die Erwachsenen, die die Konfi-Zeit hauptamtlich verantworten (z.B. Pfarrer*innen, Pastor*innen, Diakon*innen, Gemeindepädagog*innen oder Mitarbeitende anderer Berufe). Jugendliche Ehrenamtliche in der Konfi-Zeit nennen wir altersunabhängig ›Teamer*innen‹.

A GRUNDLAGEN

1 KIRCHLICHE BILDUNG, PÄDAGOGIK, DIDAKTIK

1.1 Konfi-Zeit als Teil des kirchlichen Bildungsauftrags

Zur kirchlichen Bildungsarbeit können viele Handlungsfelder gezählt werden: von der frühkindlichen Bildung in evangelischen Kitas bis hin zu themenorientierten oder zielgruppenbezogenen Fortbildungsangeboten in Gemeinden bzw. Diensten und Werken der Dekanate und Landeskirchen. In diesem Zusammenhang spielt die Konfi-Zeit eine besondere Rolle. Sie ist das am meisten traditionsverankerte, institutionalisierte, anerkannte und genutzte Angebot der Kirchengemeinden. Konfi-Arbeit gehört zu den Kernaufgaben jeder Gemeinde. Noch immer nimmt ein großer Teil aller evangelischen Jugendlichen eines Jahrgangs das Angebot zur Konfi-Zeit wahr.[1]

Die Bibel bietet mehrere Textstellen, von denen ein kirchlicher Bildungsauftrag abgeleitet werden kann. Im Ersten Testament z.B. werden die Erwachsenen aufgefordert, der nächsten Generation immer wieder von der Befreiungsgeschichte Gottes zu erzählen: »Wenn dein Kind dich morgen fragt …« (Dtn 6,20f). Die Gestaltungskraft der Gegenwart und die Hoffnung für die Zukunft leiten sich aus den Erfahrungen der Menschen mit Gott ab. Im Zweiten Testament wird ebenfalls ein Auftrag formuliert: »Darum gehet hin und lehret alle Völker: Taufet sie auf den Namen des Vaters und des Sohnes und des Heiligen Geistes und lehret sie halten alles, was ich euch befohlen habe.« (Mt 28,19f).

Woher stammen eigentlich die »christlichen Werte«, die Erzählungen für die Seele, der Auftrag zum Leben, die Wegweisungen, die Traditionen und Rituale? Dass die nicht einfach vom Himmel gefallen sind, sondern von Gott und Mensch errungen, erlebt, niedergeschrieben und immer wieder neu gedeutet wurden, bietet den Grund, noch heute um ihre Bedeutung für die Gegenwart zu ringen, die Geschichten zu lesen und zu erleben. Das können Menschen nur bedingt alleine, dafür sind wir aufeinander angewiesen, wie es z.B. vom Kämmerer aus Äthiopien erzählt wird: »Da lief Philippus hin und hörte, dass er den Propheten Jesaja las, und fragte ihn: Verstehst du auch, was du liest? Er aber sprach: Wie kann ich, wenn mich nicht jemand anleitet?« (Apg 8,30f). Diese »Anleitung« hat sich im Laufe der Jahrhunderte immer wieder verändert. Längst hat sich auf fachlicher Ebene und in der Konfi-Literatur der Wandel von kirchlicher Katechismus-Unterweisung über Konfirmanden-Unterricht und Konfirmanden-Arbeit hin zu Konfi-Zeit (oder Konfirmand*innen-Zeit) vollzogen – auch wenn in vielen Gemeinden und offiziellen kirchlichen Verlautbarungen noch immer von »Unterricht« die Rede ist.[2]

Und doch sind diese Begriffe immer nur Bezeichnungs-Versuche für das Geschehen in einer Zeit, in der sich junge Menschen in einem Entwicklungsumbruch gemeinsam mit älteren Jugendlichen, anderen Ehrenamtlichen, pädagogischen und theologischen Mitarbeitenden der Kirchengemeinde auf den Weg machen, um sich über

Gott und die Welt auszutauschen, christliche Texte zu erforschen, Traditionen und Symbole auszuprobieren, spirituelle Erfahrungen und Gemeinschaft zu erleben. Nach wie vor ist die Konfi-Zeit eine der intensivsten Begegnungszeiten von Jugendlichen unterschiedlichster Herkunft in der Kirche. Hierin liegt die große Chance, den jungen Menschen Sozialisationsbegleitung, Erfahrungsräume, Bindung und Identität mit Glauben und Kirche anzubieten. Die Qualität der gemeinsamen Zeit hängt im Wesentlichen davon ab, ob es gelingt, für die Jugendlichen erlebbar zu machen, dass die ausgewählten Inhalte der Konfi-Zeit und ihr Leben etwas miteinander zu tun haben. Es reicht dafür nicht, im Stuhlkreis zu sitzen und ein Spiel vorneweg zu spielen, um dann doch Monologe mit vermeintlich Wissenswertem zu führen oder Arbeitsblätter auszufüllen. Nimmt man Konfi-Arbeit als Bildungsgeschehen ernst, braucht es eine angemessene Didaktik, ein »Wie«, um Inhalte und Themen zur Verfügung zu stellen. Jahrhundertelang wurde Konfirmanden-›Unterricht‹ als eine rein theologische = pastorale Aufgabe verstanden. Das führte zu fatalen Missverständnissen: Konfis mit abfragbarem Wissen »befüllen« zu wollen geht direkt an ihnen vorbei, egal, wie »gut es gemeint« ist. Die Konfis sind die Subjekte ihres Lernens. Sie sind Expert*innen ihres Lebens. Sie alle bringen Werte und Glaubensvorstellungen mit, mit denen sie sich, ihre Welt, Gott und ihr Erleben erklären. Gewinnen sie das Vertrauen, dass sie sich selbst und ihre Interessen einbringen und ernst genommen werden, kommt es zu einer vertieften Auseinandersetzung mit den angebotenen Inhalten. So wird die Konfi-Zeit zu einer Zeit umfassender Bildung, weil die Konfis zu Mit-Akteur*innen ihrer Konfi-Zeit werden.

1.2 Pädagogik und Didaktik

Pädagogik setzt sich mit der Theorie und Praxis von Bildung und Erziehung auseinander. Ursprünglich richteten sich pädagogische Theorien vorwiegend an den schulischen oder familiären Kontext. In abgewandelter Form gelten sie für die außerschulische Bildungsarbeit, die wir in der kirchlichen Arbeit mit Kindern, Konfis und Jugendlichen ermöglichen. Pädagogik hat sich auf verschiedene Fachrichtungen spezialisiert, wie z.B. Freizeit-, Kultur-, Spiel-, Theater-, Medien-, Erlebnis-, Umwelt-, Friedens-, Kirchen- oder Sexualpädagogik. Viele Erkenntnisse daraus sind für die Arbeit mit Konfis von Bedeutung.

Didaktik bezeichnet das Zusammenspiel von Lehren und Lernen. Sie bezieht sich darauf, *was wozu warum* Menschen ermöglicht wird, um einen sinnvollen Lernprozess zu erleben.

In unserem Zusammenhang ist Didaktik erforderlich, weil sie untersucht und darstellt,

- wie Lernen funktioniert,
- welche Strukturen Bildung ermöglichen,
- wie Bildungsräume in der Praxis deshalb bestmöglich gestaltet werden,
- welche Inhalte warum aufgegriffen werden
- und wie die Prozesse von Bildung begleitet werden können.

Methodik beschäftigt sich damit, *wie*, mit welchen Sozialformen und welchen Handwerkszeugen die einzelnen Inhalte aufbereitet werden, damit Lernen möglich wird.

Lernen

Umfassendes Lernen (Bildung) geschieht, in dem die verschiedenen Erfahrungsbereiche des Menschen angesprochen werden:

- der kognitive Bereich, um Kenntnisse zu erwerben,
- der emotional-affektive Bereich, um Gefühle zu entwickeln und auszudrücken,
- der pragmatische Bereich, um konkrete praktische Fähigkeiten zu erwerben,
- der soziale Bereich, um den eigenen Verhaltensspielraum zu erweitern.

Für alle Lernprozesse gilt:[3]

Man merkt sich
20 % dessen, was man hört,
30 % dessen, was man sieht,
50 % dessen, was man hört und sieht,
90 % dessen, was man tut.

Zusätzlich ist die Lern-*Atmosphäre* entscheidend. Die Hirnforschung belegt, dass die Stimmung, in der man etwas lernt, stark dazu beiträgt, wie man etwas behält und in das eigene Verhaltensrepertoire übernimmt. Die mit einem Geschehen verbundene Freude, Langeweile oder Angst wird bei jedem Aufruf des Inhaltes im Körper und im Gehirn wieder ausgelöst.[4]

Auf die Konfi-Zeit übertragen heißt dies: Wenn diese Zeit als überwiegend langweilig erlebt wird oder mit unangenehmen Zwängen besetzt ist, werden Konfis diese Gefühle mit »Kirche« gleichsetzen und auf Abstand gehen. Ist es eine Zeit, in der sie neue Freund*innen finden, Geborgenheit in der christlichen Gemeinschaft erleben, sich ausprobieren können und Gott als bestärkend erfahren, werden sie Kirche als eine (Teil-)Heimat annehmen können.

Lernen bleibt ein lebenslanger Prozess. Die jeweiligen Lehrenden sind dabei Lernbegleiter*innen, Ermöglichende und Chanceneröffnende, die unterschiedliche Rollen einnehmen, z.B. als Beobachter*in, Motivator*in, Berater*in, Moderator*in, Fachmann*frau, Konfliktmanager*in, Spielanleiter*in, Wissensvermittler*in und selber Lernende.

Didaktische Prinzipien sind Grundsätze des Lehrens und Lernens. Sie sind für jegliches Bildungsgeschehen von Bedeutung. Um Bildung zu ermöglichen, lohnt es sich, sie zu beherzigen. Folgende Prinzipien sind in der aktuellen Pädagogik anerkannt:[5]

- *Prinzip der Altersgemäßheit:* Wenn man den Entwicklungsstand der Zielgruppe kennt, können die Bildungs-Inhalte so aufbereitet werden, dass sie anknüpfen an das, was die Einzelnen bereits können. Das fördert die Bereitschaft, sich Neues anzueignen.
- *Prinzip der Lebensnähe:* Wenn ein Inhalt etwas mit dem Alltag und der Lebenswirklichkeit von Menschen zu tun hat, kann die Bedeutung eines Themas wirklich ausgelotet, von ihnen selbst überprüft und erfasst werden.
- *Prinzip der Zielgruppenorientierung:* Die Interessen, Fähigkeiten und Fragen der Menschen werden ernst genommen und einbezogen, ihre Bedürfnisse und Möglichkeiten berücksichtigt. Das bezieht ebenfalls die Lebenssituationen, Sorgen, Ängste, Vorlieben ein.
- *Prinzip der Individualisierung:* Die individuellen Voraussetzungen (Erfahrungen, Entwicklungsstand, Fähigkeiten) eines jeden Menschen sind trotz z.B. ähnlichen Alters in einer Gruppe ganz unterschiedlich. Damit jeder einzelne Mensch sich weiterentwickeln kann, wird das Angebot binnendifferenziert.
- *Prinzip der Partizipation:* Bildung geschieht nachhaltig, wenn Menschen z.B. die Planung und Durchführung aktiv steuern

und mitentscheiden können und selbst Verantwortung für das Geschehen übernehmen.

- *Prinzip der Selbsttätigkeit:* Lernen geschieht, wenn sich Menschen aktiv mit sich und ihrer Umwelt auseinandersetzen und eigene Lösungen finden.
- *Prinzip der Freiwilligkeit:* Die Menschen entscheiden selbst, ob und an welchem Angebot sie teilnehmen möchten. Verantwortliche können Bildungsprozesse anregen, aber Lernen ist ein innerer Prozess, der nicht direkt von außen beeinflussbar oder gar zu verordnen ist. Gegen den eigenen Willen etwas zu »müssen« führt zu Ablehnung und Blockaden.
- *Prinzip der Handlungsorientierung* (»learning by doing«, »Hilf mir, es selbst zu tun«): Möglichst viel praktisches Tun, Spielen, Experimentieren, Ausprobieren, Beobachten und Vergleichen fördern die Unabhängigkeit, Selbstbetätigung und Entscheidungsfähigkeit.
- *Prinzip der Anschaulichkeit:* Materialien, Bilder und Symbole werden so ausgewählt, dass sie die Inhalte veranschaulichen. Die äußeren Bilder stützen die innere Vorstellungskraft und das eigenständige Erfassen verschiedener Dimensionen des Inhalts.
- *Prinzip der Ganzheitlichkeit:* Wenn Dinge und Ereignisse mit allen Sinnen erfasst werden können, wird z.B. durch das Be-Greifen mit den Händen das Begreifen im Verstand möglich.
- *Prinzip der Teilschritte und Wiederholung:* Der Zugang zu Inhalten wird in kurze Sequenzen unterteilt, die aufeinander aufbauen und sich »vom Eingängigen zum Schwierigen« steigern. Tätigkeiten werden in Variationen wiederholt und erweitert im Abgleich mit der Zielgruppe bis hin zur praktischen Nutzung der neuen Entdeckungen im Alltag.

Religionspädagogik und Religionsdidaktik übertragen die Prinzipien auf die religiöse Bildung in Kitas, Schule, Gemeinde, Familie und Gesellschaft. Allerdings beziehen sich die aktuellen religionspädagogischen Entwürfe meist auf schulischen Religionsunterricht. Zurzeit existieren z.B. folgende religionspädagogische Ansätze: Problemorientiertthematisch, subjektorientiert, sozialisationsbegleitend, symboldidaktisch, bibelhermeneutisch, konstruktivistisch.

1.3 Didaktische Grundsätze für die Konfi-Arbeit

Konfi-Arbeit ist ein eigenes Praxisfeld neben der leistungsorientierten Schule[6]. Die Konfi-Zeit soll ausdrücklich keine Verdoppelung von Schulunterricht mit seiner formal strukturierten, kompetenzorientierten Ausrichtung sein. Durch ihre gebundene Gruppe ist sie auch anders als offene Jugendarbeit und durch die religiös geprägte Basis anders als freizeitpädagogische Angebote im kommunalen Kontext und braucht daher eine konfispezifische Didaktik. Diese berücksichtigt die besonderen Rahmenbedingungen und Inhalte für die Konfi-Zeit.

Pädagogische Prinzipien stehen nicht für alle Zeiten fest. Sie verändern sich mit dem Zeitgeschehen, mit dem gesellschaftlichen Umfeld (z.B.: Sind die Menschen eher kirchennah oder kirchenfern? Liegt eine Gemeinde eher im traditionell volkskirchlichen oder säkularen Raum?), mit neuen Jugendkulturen, Medien u.v.m.

Wir leiten unsere Grundsätze aus den bisher dargestellten didaktischen Prinzipien und Lerntheorien sowie aus Konfi-Studien und eigenen Berufserfahrungen ab. Die Methodik dieser Grundsätze, also der Weg, auf welche Weise und mit welchen methodischen Mitteln diese Prinzipien umgesetzt werden können, entfaltet sich innerhalb der folgenden Kapitel nach diesen Kriterien:

- *Erfahrungsorientierung/Lebensrelevanz*: Die biblischen, traditionellen und symbolischen Inhalte der Themen werden so aufbereitet, dass sie an etwas Bekanntes aus der Lebenswelt der Konfis anknüpfen und ermöglichen, dass die Konfis einen Gewinn für ihr Leben aus dem Angebot ziehen können. Das schließt mit ein, dass die Aufgabenstellung für die Konfis einen fassbaren Sinn bietet, sei es, dass das Thema für sie reizvoll ist (weil es sowieso eines ihrer Themen ist), die Methode ihnen einen Mehrwert bietet (z.B.: Wie macht man mit einem Smartphone gute Fotos?), oder dass ihre Produkte eine öffentliche Würdigung erfahren.
- *Subjektorientierung*: Im Fokus steht nicht ein Thema, das die Konfi-Leitung »rüberbringen« will, sondern die einzelnen Konfis und die Konfis als Gruppe. D.h.: Themen und Methoden werden so ausgewählt, dass ihr Alter, ihre Entwicklungsphase, ihre individuellen Bedingungen, Grenzen und Talente, die gesellschaftlichen Bedingungen, die Gruppenzusammensetzung und daraus resultierenden Bedarfe angesprochen werden. Ein »Ergebnis« steht nicht von vornherein fest. Vielfältige Zugänge ermöglichen eine je subjektive Auseinandersetzung mit den Themen, so dass individuelle Fragen gestellt und Antworten gefunden werden können (siehe Kap 2: Die Konfis; Kap 4: Gruppenpädagogik und Methodenteil B).
- *Chancenorientierung/Zielorientierung*[7]: Die Auswahl der Themen, Inhalte und Methoden geschieht anhand der Überlegung, welche

(pragmatischen und sozialen) Kompetenzen und Erfahrungen den Konfis ermöglicht werden können. Deshalb werden die Lebenswirklichkeit der Jugendlichen und die biblischen Texte und christlichen Traditionen miteinander in Beziehung gesetzt. Eine wegweisende Kontrollfrage für alle leitend Verantwortlichen lautet: Warum und wozu könnte diese Konfi-Einheit für die Konfis interessant, wesentlich, bereichernd, glücklichmachend, weiterführend … sein? Deshalb wird das Themeninteresse immer wieder neu ausgelotet und gemeinsam erschlossen.[8] Das ist mit einer bleibenden Aufmerksamkeit für die jeweilige Gruppe verbunden. Doch es ist eine verpasste Chance, wenn man von einer abzuarbeitenden, untereinander kaum verbundenen Themenreihe ausgeht.[9]

- *Handlungsorientierung*: Die Methodenwahl stellt die Konfis vor eine Herausforderung, die sie selbsttätig, ggf. mit Unterstützung und Begleitung, lösen, z.B. etwas bauen, kooperative Abenteuerspiele ausprobieren, einen Videoclip mit dem Smartphone drehen, eine Szenendarstellung entwickeln. Sie erarbeiten dadurch aktiv eigenständig ein »Produkt« und dessen Erläuterung. Nach einer hinführenden Einstiegsphase entscheiden die Konfis selbst über die Auswahl der Materialien, den Prozess der Erarbeitung und die Präsentation dazu (siehe Kap 10: Kreative Methoden und Kap 12: Wertschätzung). Im Prozess loten sie die verschiedenen Dimensionen des Inhalts der Aufgabe und die Dynamik der eigenen Gruppe aus.
- *Ganzheitlichkeit:* Eine Konfi-Einheit wird so aufgebaut, dass sie Abwechslung und verschiedene Zugänge zu dem Thema bietet. Eine Methoden- und Materialvielfalt entspricht den verschiedenen Bildungsbegabungen, Charakteren und Interessen der Konfis, erlaubt vielseitige Tätigkeiten und bringt Gaben zum Vorschein. Ganzheitliches Arbeiten bezieht die Sinne,

Emotionen, Seele, den Geist und Körper der Konfis ein. Die Konfis geraten innerlich und äußerlich in Bewegung, erleben die Themen intensiv und werden in ihrer Erkenntnisfähigkeit gefördert (wenn z.B. die Konfis viel lachen und »verrückte Ideen« einbringen können, sich zeitlos in eine Erarbeitung vertiefen oder tief emotional berührt werden, formulieren sie Fragen und Sätze, die Himmel und Erde verbinden) . Nach wie vor besteht bei vielen die Sorge, dass die Konfis nichts »lernen« in einer erlebnisorientierten, ganzheitlichen Arbeit. Das Gegenteil ist der Fall: Bildung geschieht viel umfassender, wenn nicht einseitig kognitiv gearbeitet wird.[10]

- *Freiwilligkeit:* Es gibt viele Gründe, warum einzelne Konfis bei einzelnen Methoden oder Spielen nicht mitmachen möchten. Das ist okay, unabhängig davon, ob sie die Gründe benennen können oder wollen. Man kann sie ermutigen, nachfragen und ihre Entscheidung akzeptieren. Zum einen erzeugt Druck Gegendruck und kann zu einem Panikempfinden aufseiten einzelner Konfis führen. Zum anderen kann eine Weigerung eine Botschaft an die Leitenden sein, sich auf einer anderen Ebene mit einzelnen Konfis zu beschäftigen oder die Methodenauswahl zu überprüfen. Es gilt, die intrinsische Motivation zu fördern, bei der Konfi-Zeit mitzumachen und sie mitzugestalten.
- *Partizipation*: Einzelne Konfis und die Gesamtheit der Gruppe werden darin gefördert und angeleitet, die Konfi-Zeit aktiv mitzugestalten, indem sie mitbestimmen und Entscheidungen treffen, z.B. hinsichtlich von Themen, Methodenwahl, Projektwahl, Gottesdienstbeteiligung. Auf diese Weise üben sie, Verantwortung zu übernehmen und selbst den Lernprozess zu fördern.
- *Ermöglichung von Spiritualität:* Glauben, Geborgenheit, Hoffnung, Befreiung, Stärkung, Vergebung und Sinn wollen erlebt und ausprobiert werden. Deshalb werden unterschiedliche Rituale,

Gebetsformen, Andachten und Gottesdienste angeboten, um sie kennenzulernen, sie mitzugestalten und in Gemeinschaft zu erfahren (siehe Kap 6: Glaube und Spiritualität und Kap 13: Glauben leben).

Damit die Prinzipien zur vollen Entfaltung kommen können, sind *Rahmenbedingungen* zu schaffen, damit die Lernprozesse freiwillig und positiv aufgenommen werden. Dazu gehören die Entscheidung für ein Grundmodell und Zeitrahmen, räumliche Bedingungen, Zeit für Peergroup-Erfahrungen, Verpflegung, Planung und Vorbereitung (siehe Kap 7: Planung, Vor- und Nachbereitung). Solche Rahmenbedingungen tragen maßgeblich dazu bei, ob sich die Konfis willkommen fühlen. Ebenfalls gehört zu den Rahmenbedingungen die Entscheidung, welche Atmosphäre man untereinander ermöglichen will (z.B. fair, humorvoll, herzlich, wertschätzend, fördernd). Die Konfis werden sich im Nachhinein besonders an die Stimmung erinnern, die sie mit der Zeit verbinden und ob die beteiligten Personen sympathisch waren.

Mehr lesen

- Rat der EKD: Kirche und Jugend. Lebenslagen, Begegnungsfelder, Perspektiven. Handreichung des Rates der Evangelischen Kirche in Deutschland, Gütersloh 2010
- Benner, Dietrich: Allgemeine Pädagogik. Eine systematisch-problemgeschichtliche Einführung in die Grundstruktur pädagogischen Denkens und Handelns, überarb. 5. Aufl., Weinheim 2005
- Raithel, Jürgen / Dollinger, Bernd / Hörmann, Georg: Einführung Pädagogik. Begriffe, Strömungen, Klassiker, Fachrichtungen, Wiesbaden 2005
- Unterrichtsprinzipien, 2022, in Wikipedia, Abrufdatum: 6.10.2022, https://de.wikipedia.org/wiki/Unterrichtsprinzipien

- Weber, Olga: Didaktische Prinzipien in Pädagogik und Psychologie, 2021, Abrufdatum 12.10.2022, https://pädagogik-und-psychologie.de/didaktische-prinzipien
- Keßler, Hans-Ulrich / Steffen, Kai: Didaktik und Konfi-Arbeit, in: Ebinger, Thomas u.a.: Handbuch Konfi-Arbeit, Gütersloh S. 145-160
- Pohl-Patalong, Uta: Religionspädagogik. Ansätze für die Praxis, Göttingen 2013

2 DIE KONFIS

Eine neue Konfi-Gruppe[11] beginnt. Sie vereint lauter Individuen unterschiedlicher familiärer Herkunft, Bildungsbegabungen, Fähigkeiten, Einschränkungen und Talente. Die jungen Menschen befinden sich in einer Umbruchphase von Körper, Geist und Seele, kurz: in der Pubertät. Sie sind eine neue Generation, die in anderen Zeiten aufwächst als die meisten Verantwortlichen der Konfi-Zeit, sie machen andere Erfahrungen und haben neue Aufgaben der Zukunftsbewältigung. Wenn wir uns bewusst machen, was für ein tiefgreifender Umbau im Körper und in der Psyche der Konfis stattfindet und was dieser für Auswirkungen für ihr Verhalten hat, können die Verantwortlichen zugewandt und förderlich mit den Verhaltensweisen der jungen Menschen umgehen – auch wenn es manchmal an den Nerven zerrt. Soll die Konfi-Zeit ihnen »etwas bringen«, müssen wir verstehen, dass und warum manche Inhalte und Methoden an ihnen vorbeirauschen, und wann sie spüren, dass es wirklich um sie geht. Dazu gehört, die Persönlichkeiten, Lebensthemen und Entwicklungen ernst zu nehmen. Die biblischen Geschichten, christlichen Rituale, Traditionen und Engagementfelder bieten viel Auswahl, so dass wir diejenigen aussuchen und aufbereiten, mit denen die Konfis auf Entdeckungstour gehen können und herausfinden, ob und welche Angebote des Glaubens für sie lebensbedeutend sind.

2.1 Entwicklungspsychologische Aspekte

Mit der Zeit der Pubertät tritt ein junger Mensch in eine Zeit der Selbstwerdung ein, die durch instabile Emotionen, Konflikte in Alltagssituationen und allgemein in ein sich veränderndes Verhalten führt. Gerade in der klassischen Konfi-Zeit zwischen 12 und 14 Jahren starten diese Veränderungen voll durch – allerdings nicht zeitgleich bei allen. Während die einen schon Erwachsenenrollenmuster ausprobieren, sich schminken oder besonders cool sein wollen, spielen andere noch mit Lego. Manche tauchen ein in die Peergroup-Welt und tun alles, um »dabei zu sein«, andere ziehen sich in ihr Zimmer zurück.

Veränderungen im Körper

Viele Hormone werden verstärkt ausgeschüttet und in der Folge

- verändert sich der Schlaf-Rhythmus,
- wachsen die jungen Menschen in die Höhe,
- prägt sich ihre Statur aus und sie legen deutlich an Gewicht zu,
- entwickeln sich die äußeren und inneren Geschlechtsorgane.

Das verwirrt natürlich zutiefst: In der Regel nehmen das Selbstwertgefühl und die Körperzufriedenheit in dieser Zeit ab und steigen erst nach Jahren wieder an.

Daher ist es in der Konfi-Zeit geboten, sensibel mit der sich ausbildenden Körperlichkeit der jungen Menschen umzugehen und bei allen Methoden und verbalen Äußerungen auf ein angemessenes Verhältnis von Nähe und Distanz zu achten (siehe Kap 4.6: Sensibilität für grenzverletzendes Verhalten).

Veränderungen in der intellektuellen Leistungsfähigkeit

Ebenso betroffen von der Umbauphase ist das Gehirn:

- Die Alltagsorganisation wird schwieriger. Ständig scheinen die jungen Menschen etwas zu vergessen und das Leben scheint nur »bei ihnen anzukommen«, wenn es mit starken Emotionen verbunden ist.
- Die jungen Menschen entscheiden in dieser Phase impulsiver als vor- und hinterher, die Kontrollmechanismen im Gehirn treten in den Hintergrund (z.B. steigert sich das risikobereite Verhalten vor allem, wenn Gleichaltrige in der Nähe sind).
- Sie verspüren einen ausgeprägten Drang nach Neuem.
- Gleichzeitig baut das Gehirn die Fähigkeiten des abstrakten Denkens aus, z.B. die Fähigkeiten, Schlussfolgerungen zu ziehen, Möglichkeiten zu kombinieren, zu reflektieren, Weltdeutungen, Religionen und Wertesysteme zu hinterfragen.

Um die Konfis in dieser Phase zu fördern und zu unterstützen, sind erlebnisintensive Angebote folgerichtig. Sie halten die Mehrdeutigkeit des Lebens und der Gotteserfahrung offen (siehe Kap 9: Spielpädagogik, Kap 10 und 11: Theologisieren mit Konfis) und fördern die eigene Ausdrucksfähigkeit. Sie beginnen zu hinterfragen (und testen bzw. provozieren die Leitenden). Auch wenn es manchmal anstrengend ist: Diese Fähigkeit ist neu und will erprobt werden. Die Fragen und Thesen aufzugreifen und die Konfis zu eigenen Antwortversuchen zu ermutigen stärkt sie. Die eigenen und biblischen Antwortversuche als ein Angebot danebenzustellen wird zum Gewinn für alle und Anlass für viele theologische Gespräche.

Veränderungen im Identitätsgefühl

Der Übergang von der Identität als Kind hin zu einer Identität als jugendliche bzw. erwachsene Person führt durch eine Zeit des Ausprobierens:

- Verschiedene vorgelebte und medial vermittelte Rollen werden ausprobiert.
- Die jungen Menschen testen, wie andere auf sie reagieren, ob sie selbst sich wohlfühlen, anerkannt werden, in verschiedenen Peergroups mithalten können.
- Sie proben, wer sie sein möchten, welche Werte ihnen von Bedeutung sind, in welchen Zusammenhängen sie ihr Leben verstehen wollen.
- Sie bilden ihre eigene geschlechtliche Identität aus (siehe Kap 4.7: Sensibilität für Geschlechtervielfalt).

Die Bibel ist voll von Geschichten, die Deutungsangebote für Fragen machen wie »Wer bin ich?« oder »Wie möchte ich leben?«: Jakob zwischen Betrug und Segen, Josef zwischen Patchworkfamilie und Anerkennung, Petrus zwischen Versagen und »Fels«, David zwischen Jonathan und Königreich.

Die Geschichten bieten die Hoffnung an, dass in und trotz allem Leben gelingt und Segen wirkt: »Gott verlässt uns nicht, auch wenn wir das nicht immer spüren.« Wenn diese alten Geschichten für Konfis faszinierend aufbereitet werden und sie große und kleine Gemeinschaftserlebnisse erfahren, können sie in einem geschützten Raum für sich (zumindest vorläufige) Antworten finden.

Veränderungen in der Beziehung zu Gleichaltrigen

Um eine eigene neue Identität zu finden, werden Gleichaltrige und etwas ältere Jugendliche immer bedeutsamer. Schließlich durchleben sie ebenfalls körperliche Veränderungen und sind mit ähnlichen Themen beschäftigt bzw. sind schon einen Schritt weiter. Die Erfahrung der bewussten Anerkennung durch andere stützt die Identitätsentwicklung.

- Es werden neue Identifikationsmöglichkeiten und Lebensstile gesucht, Normen übernommen, Anerkennung und emotionale Geborgenheit gefunden.
- Es werden die eigenen Ziele und Wünsche abgeglichen, Vertrautheit und Zuverlässigkeit ausprobiert.
- Es entstehen die ersten romantischen Liebesbeziehungen und es wird geübt, was für ein Freundschafts- und Beziehungsleben wesentlich ist.

Da die eigene Identität noch im Aufbau ist und damit als angreifbar erfahren wird, erleben die Jugendlichen viele Verhaltensweisen als »peinlich«. Oft überspielen sie ihre eigene Unsicherheit hinter Verhaltensweisen wie »ich bin der*die Coolste«, verbergen sich hinter Kapuzen oder langen Haaren.

Wenn keine Geborgenheit bei Gleichaltrigen gefunden wird, der Anschluss an eine Peergroup ausbleibt bzw. von einzelnen Gruppen ein hoher Anpassungsdruck (bis hin zur Diskriminierung) ausgeübt wird, ist das Leiden groß (und kluges Eingreifen dringend nötig). Die Konfi-Zeit bietet die große Chance, direkt mit der Gruppe und ihren Prozessen zu arbeiten und gemeinsam neue Verhaltensmuster auszuprobieren. Die Mitarbeit von älteren Jugendlichen als Teamer*innen bringt neue Vorbilder zur Orientierung. Wird die Gruppe zu einer eigenen Peergroup, kommen die Konfis supergerne – und wollen selbst Teamer*in werden (siehe Kap 3.3: Jugendliche Teamer*innen).

Veränderungen in der Familie

Mit der Zuwendung zu Peergroups geht die emotionale Lösung von den Eltern einher:

- Es wird deutlich weniger Zeit mit der Herkunftsfamilie verbracht.
- Die überlieferten Werte bzw. Normen werden hinterfragt und überprüft.
- Die Jugendlichen suchen mehr Privatheit und schirmen sich öfter ab.
- Eine eigene Balance zwischen Selbstständigkeit und Verwurzelung bildet sich.

Dieser Prozess geschieht in einer Mischung aus Widerspruch, Anhänglichkeit, Coolness und partnerschaftlicher Kommunikation. Wer vor der Pubertät ein warmes und vertrauensvolles Verhältnis zu den Eltern hat, wird in dieser Zeit und danach daran anknüpfen können. Die derzeitigen Jugendstudien in Deutschland zeigen eine Generation, die insgesamt wenig zur Revolte neigt. Im Allgemeinen ist sie einverstanden mit dem Erziehungsstil der Eltern und pflegt enge Bindungen. Die Jugendlichen verspüren weniger Drang nach Befreiung als vorangegangene Generationen. Sie suchen mehr Beziehungsstabilität, Eingebundensein und stützende Gemeinschaft. Konflikte der Abgrenzung äußern sich eher als vermehrte Konflikte über Alltagsangelegenheiten. Die Peergroup wird nicht unbedingt zu einem Gegenpol der Herkunftsfamilie, sondern zu einer ergänzenden Größe, die immer mehr Raum gewinnt.

Es passt dazu, dass die Konfis und ihre Familien die Konfirmation als ein enorm wertvolles Familienfest betrachten. Der Segen für den weiteren Lebensweg berührt alle Anwesenden, denn dieses Fest bekommt zwischen Vergewisserung und Ablösung eine tiefe individuelle Bedeutung bei den Jugendlichen und ihren Familien.[12]

Deshalb bildet der Konfirmationsgottesdienst am besten ab, was zusammen erlebt und entwickelt wurde (siehe Kap 13.3: Die Konfirmation).

2.2 Gesellschaftliche Aspekte

Zwischen persönlichen Chancen und Ängsten in der Welt

Die Geschehnisse der letzten Jahre haben vermehrt Themen, die bislang gefühlt »anderswo« verortet waren, in direkte Nähe gebracht (z.B. Pandemie, Krieg, Klimawandel, Überflutungen und Hitzewellen, steigende Inflation, Energie-Engpässe). Die langfristigen Folgen sind noch nicht absehbar. In der Konfi-Zeit (bei Einzelnen und der Gruppe) wird sich jeweils aktuell zeigen, welche Sorgen, Ängste, polarisierenden oder stabilisierenden Gedanken die jungen Menschen bzw. ihre Familien bewegen.

Pandemie

In der Zeit der Corona-Pandemie[13] haben die Stress-Symptome bei jungen Menschen wie Kopf- und Bauchschmerzen, Gereiztheit, Einschlafprobleme und Niedergeschlagenheit bis hin zu Ängstlichkeit und Depressionen drastisch zugenommen. Mit der Wiederöffnung der Schulen, der Lockerung der Kontaktbeschränkungen und Wiederaufnahme von Freizeitaktivitäten

- erholen sich die jungen Menschen. Dennoch weisen nach wie vor mehr junge Menschen psychische Auffälligkeiten auf als vor der Pandemie,
- lässt der Konsum von Süßigkeiten und Medien langsam nach,
- wird wieder mehr Sport getrieben,

- entspannt sich das Verhältnis zu Freund*innen,
- wird in den Familien wieder weniger gestritten,
- wird Schule/Lernen weiterhin als anstrengender als »vor Corona« erlebt und beschrieben.

Wie lange und bei wie vielen Kindern und Jugendlichen längere Nachwirkungen zu spüren sind, wird die Zukunft zeigen. Die jungen Menschen, die in den nächsten Jahren zur Konfi-Zeit kommen, konnten jedenfalls als Kinder viele Entwicklungsschritte nur anders bis gar nicht in der Auseinandersetzung mit anderen Kindern (und jungen Menschen) bewältigen. Deshalb ist es noch notwendiger als bisher, Peergroup-Erfahrungen zu ermöglichen (Jugendliche benötigen Jugendliche!), die Konfi-Zeit abwechslungsreich zu gestalten, sensibel Fragen und Sorgen aufzunehmen. Ein professionell aufmerksames Verhalten der Hauptamtlichen gerade in Krisenzeiten und die stärkenden Gottesbilder der Bibel fördern die Resilienzfähigkeit der Konfis.

Politik und Gesellschaft

Die jungen Menschen wachsen in eine Welt hinein, in der die politischen Megathemen wie Klimawandel, Krieg und Flucht teils offen diskutiert werden, teils unterschwellig Angst machen.[14]

Parallel dazu ist in den vergangenen Jahren in der (weltweiten) Gesellschaft die Ungleichheit zwischen arm und reich, Teilhabe und Nicht-Teilhabe noch deutlicher geworden. Wirkliche Benachteiligungen und demokratiefeindliche Strömungen sind offenbarer geworden.

- In der frühen Jugendzeit werden zumeist die Meinungen aus der Familie übernommen. Mit steigender Anzahl an selbstständigen Kontakten lernen die jungen Menschen unterschiedliche Sichtweisen kennen und testen sie auf ihre Tragfähigkeit.

- Viele engagieren sich für eine Lösung der großen Themen in der Gesellschaft. Andere klammern diese aus. Politisches Interesse bzw. Engagement bezieht sich meist auf einzelne Themen und nicht auf Politik insgesamt (das Benehmen vieler Politiker*innen scheint für Jugendliche nicht sonderlich attraktiv zu sein).
- Verlässliche Familienverhältnisse (nicht zu verwechseln mit krisenlos!), in der die Persönlichkeiten und ihre Fähigkeiten gefördert werden, unterstützen junge Menschen darin, Fragen zu stellen und zu spüren, was sie selbst zur Lösung beitragen können.

Expeditionen zur Erforschung der Schöpfung, Pilgern, Planspiele zu globalen Zusammenhängen, (begrenztes) Mitmachen in einer diakonischen Einrichtung, caritative Sammlungen organisieren, Friedhofsbesuche – immer da, wo Konfis spüren, dass sie zu eigenen (Teil-)Antworten auf ihre inneren Gefühlsgemengelage kommen oder aktiv zu einer (Teil-)Lösung beitragen können, erleben sie Sinn. Sie erweitern ihre Horizonte und erleben sich als wirkungsvoll in einer oft unübersichtlichen Welt.

Jugendzeit in der Gesellschaft

»Die Jugendzeit« wird in den Medien stark idealisiert. Gleichzeitig geht die Anzahl der Jugendlichen in unserer Gesellschaft zurück.

- Es boomt der Markt um Fitness, Ernährung, Kosmetik, und damit wächst der Druck, solange wie möglich »jung« zu sein.
- Der Arbeitsmarkt ringt um Fachkräfte, was den Heranwachsenden eine attraktive Ausbildungs- und Beschäftigungsperspektive bietet.
- Junge Menschen stehen einer wachsenden Anzahl älterer Menschen gegenüber, die in den nächsten Jahren in Rente gehen werden. Sie wissen, dass dies eine finanzielle Großaufgabe für das Gesellschaftssystem wird.

- Während ältere Menschen gewohnt sind, ihre Forderungen lautstark zu vertreten, beginnen Jugendliche erst, ihre Belange in der Gesellschaft sichtbar zu machen. So kritisieren Jugendliche an »der Politik«, dass Jugendthemen in der gesellschaftlichen Debatte weniger deutlich seien und ihre Teilhabe an Entscheidungsprozessen viel zu gering. Schließlich gehe es um ihre Zukunft.[15]

In der Konfi-Zeit können die jungen Menschen üben, ihre Interessen einzubringen und ihre Diskussionsfähigkeit auszuprobieren (siehe Kap 5: Miteinander im Gespräch und Kap 8: Moderation). Allerdings werden viele Themen (z.B. der Leistungsdruck der Schönheitsideale) oft nur en passant geäußert, in Blitzlichtrunden erwähnt, beim gemeinsamen Aufräumen, manchmal platzen sie scheinbar zusammenhangslos in ein anderes Thema hinein. Diese explizit in der Konfi-Zeit aufzugreifen und die verschiedenen Dimensionen des Themas gemeinsam zu erforschen stärkt die Kompetenzen der Lebensbewältigung.

Chancenvielfalt

Die jungen Menschen wachsen in Europa (noch?) in eine Welt hinein, in der sie viele Möglichkeiten haben. Diese Gewissheit wird derzeit erschüttert – gerade in Bezug auf die Verteilung der Güter, die Energieversorgung und damit auf die Chancengleichheit. Es wird sich zeigen, mit welchem gesellschaftlichen Umbau auf die verschiedenen Krisen reagiert wird. Doch im Vergleich hat ein Großteil der jungen Menschen in Deutschland nach wie vor wesentlich mehr Support und Chancen als in den meisten Ländern der Welt.

- Allgemein wird viel in Bildung investiert.
- Reisen in die Welt sind für viele (noch, begrenzt) erschwinglich.

- Freizeitangebote sind vielfältig vorhanden.
- Konsumgüter sind (noch) allgemein erwerbbar.
- Der Arbeitsmarkt bietet derzeit viele Chancen und Auswahl.
- Der persönlichen Lebensgestaltung wird vom Gesetz relativ viel ermöglicht.

In Folge blicken die meisten recht optimistisch in die persönliche Zukunft. Allerdings wirken sich das Überangebot von Möglichkeiten und die steigenden Preise auf Jugendliche aus prekären Verhältnissen und auf Jugendliche, die an ständigem Entscheidungsdruck leiden, negativ aus. Es verstärkt eher ein Gefühl wie »Du bist selbst schuld, wenn es dir nicht gut geht«. Zumal die meisten Jugendlichen verplante Tagesabläufe kennen: Neben den Verpflichtungen von Schule und innerhalb der Familie bleiben nur wenig unbesetzte Zeiten. Das hat Konsequenzen für die Konfi-Zeit, denn die Konfis sind permanent herausgefordert zu entscheiden »Was mache ich, was lasse ich?«.[16]

Sie werden nur ein Angebot als attraktiv annehmen, das ihren Interessen und Bedürfnissen entgegenkommt und ihnen einen Mehrwert bietet.[17]

Das ist ein ernst zu nehmender Hinweis für die Gestaltung der Konfi-Zeit, inhaltlich (Themen, die für das eigene Leben bedeutsam sind), für die Methodenwahl (faszinierend, motivierend, praktisch) und für die Atmosphäre (spaßbringend, emotional berührend, nachdenklich machend).

Digitalisierung

Die derzeitige Generation wächst mit der Selbstverständlichkeit von Smartphones, -Homes und -TVs auf. Für sie spielt sich ihr reales Leben selbstverständlich in den Weiten des Internets und der social media ab. Hier

- suchen und finden sie Vorbilder, Orientierung im Hinblick auf ihren Geschmack (z.B. Musik und Kleidung) und auf ihre innere Haltung,
- üben sie, wie sie sich selbst darstellen, und suchen Resonanz und Anerkennung über die Veröffentlichung der eigenen Inszenierung,
- machen sie die Erfahrungen von Shitstorms und Mobbing, erleben den Aufstieg und Fall ihrer Idole,
- bleiben sie (noch) vor allem Konsument*innen (sie nutzen das Handy und andere Geräte vor allem zur Kommunikation, zur Unterhaltung und zum Spielen; nur ein Bruchteil der Online-Zeit fällt auf die Suche nach Informationen).[18]
- Oftmals wissen sie nicht (genau), wie sie hilfreiche Grenzen setzen können.[19]
- In alldem sind der selbstverständliche Umgang mit technischen Geräten und die Kenntnisse der digitalen Welt für sie ein großes Plus in Richtung Vernetzung, zukünftiges Handeln und Wissen. Der Sogkraft der digitalen Medien nicht einfach ausgeliefert zu sein, sondern diese für sich und andere zum Positiven zu nutzen, ist eine Bildungsaufgabe auch für die Konfi-Zeit. Zusätzlich erschließen sich mit Smartphones und Medienbildung neue Möglichkeiten, die Konfis für ein Thema zu begeistern (siehe Kap 10.4: Digitale Methoden). Zu beachten ist, dass niemand bei den Methoden ausgegrenzt wird, weil er*sie z.B. kein bzw. ein veraltetes Smartphone besitzt oder von den Eltern stark begrenzte Nutzungszeiten hat.

Lebensdeutungen

Die christlich-religiöse Sozialisation nimmt in den Familien ab bis hin zum Traditionsbruch. Oftmals geschieht das unter dem Eindruck der Skandale (Missbrauch) und der Medien (die Darstellung von Pastor*innen im Fernsehen). Vieles der kirchlichen Angebote wird von anderen Anbietenden adaptiert.

- Viele Jugendliche sind wenig geübt in Tradition und Ritualen und kennen weniger Geschichten der Bibel als vorhergehende Generationen.
- Ihre Lebensdeutungen prüfen sie anhand der individuellen und biografischen Erfahrungen: »Wahr« ist, was ihnen persönlich wahr und plausibel erscheint.
- Religiöse Erfahrungen und Erfahrungen der Zugehörigkeit (z.B. zu einer Kirchengemeinde) werden für Jugendliche plausibel, wenn sie als persönlich bereichernd und hilfreich kennengelernt werden.[20]
- Die Pluralität nimmt zu (nicht nur religiös). Junge Menschen können sich nicht mehr so einfach gegen tradierte Weltansichten und Rollenbilder wehren oder sie adaptieren.

Das zeigt, wie notwendig es ist, das Image der Konfi-Zeit zu verbessern (siehe Kap 14.1: Werbung in der Konfi-Zeit) und die inhaltliche Aufbereitung zu überprüfen. Dauerhafte Langeweile gruselt die Konfis – und quält die Verantwortlichen. Eine wirksame Überprüfungsfrage in der Vorbereitung der Einheiten ist, ob alle beteiligten Personen (Hauptamtliche, Teamer*innen, Konfis) wirklich Lust auf die Einheit haben!

2.3 Perspektiven für die Konfi-Zeit

Die körperlichen und psychischen Entwicklungen der Konfis unter den jeweiligen gesellschaftlichen und familiären Bedingungen sind für die Konfis im Übergang von Kindheit zu Jugend nicht zu überspringen. In den allermeisten Fällen können und werden die jungen Menschen diese Entwicklung auf ihre Weise meistern, darin reifen und stark werden.

Gelingen diese Schritte, bilden die jungen Menschen grundlegende Fähigkeiten für ihr Leben aus. Z.B.

- erwerben sie die Fähigkeit, Probleme und Herausforderungen zu lösen,
- finden sie eine moralische Orientierung,
- bauen sie Vertrauen in eigene Fähigkeiten aus,
- bekommen sie ein Gefühl für den Wert der eigenen Person.

Sie lernen in der Beziehung zu Mitmenschen,

- sich immer stärker um andere zu kümmern,
- an der Gesellschaft teilzuhaben und sich einzubringen,
- Institutionen und Regeln zu verstehen und sich darin zurechtzufinden.

Die Verantwortlichen für die Konfi-Zeit dürfen die Konfis bei dieser Entwicklung begleiten und fördern. Sie können Erfahrungsräume eröffnen, in denen die Konfis ihre eigenen (Glaubens-)Gedanken ausdrücken, sich selbst auf die Spur kommen und Neuentdeckungen machen können. Gelingt es, die biblischen Geschichten und christliche Tradition so aufzubereiten, dass diese mit den Fragen und Sehnsüchten der jungen Menschen in Beziehung treten, kann der christliche Glaube zu einer starken Quelle in deren Leben werden.

3 ARBEITEN IM TEAM

3.1 Multiprofessionelle Teams

Multiprofessionelle Teams, also gemischte Teams aus Menschen verschiedener Berufsgruppen (z.B. Pfarrer*in, Pastor*in, Gemeindepädagog*in, Diakon*in, Religionspädagog*in, Jugendmitarbeiter*in, Kirchenmusiker*in ...) in der Konfi-Zeit ermöglichen,

- verschiedene Kompetenzen in die Gestaltung der Zeit einzubringen,
- den Konfis unterschiedliche Ansprechpartner*innen anzubieten,
- den Konfis verschiedene Sichtweisen und Lebensäußerungen in Bezug auf Kirche und Glauben anzubieten,
- Übergänge von der Arbeit mit Kindern hin zur Konfi-Zeit und weiter zur Jugendarbeit einfacher zu gestalten,
- die Arbeit zu erleichtern, den Ideenreichtum in der Ausgestaltung zu steigern und sich über einzelne Fragestellungen und Konfis auszutauschen.

Multiprofessionelle Teams können durchgängig für die gesamte Konfi-Zeit gebildet werden oder für verschiedene Inhalte bzw. Zeiträume (z.B. für ein KonfiCamp, ein Musicalprojekt, eine diakonische Phase).

Sind in einer Gemeinde keine Jugendmitarbeitenden oder Kantor*-innen angestellt, kann man über verschiedene Möglichkeiten nachdenken, z.B.

- kann eine Region evtl. gemeinsam ein*en Jugendmitarbeiter*in einstellen,
- können Referent*innen bzw. Studienleitungen aus Jugendwerken oder Jugendpfarrämtern für einzelne Projekte angefragt werden,
- können Referent*innen bzw. Studienleitungen aus den Diakonischen Werken angefragt werden,
- können Jugendmitarbeitende evtl. auf Honorarbasis gewonnen werden,
- können sich Gemeinden für einzelne Projekte zusammenschließen und dafür eine Fachkraft anfragen,
- können sich Gruppen bei überregionalen Angeboten, wie Festivals, Projekttagen, Segeltouren, Übernachtungen anmelden.

Ein positiv gestimmtes Team wird sowohl die Atmosphäre zwischen den Verantwortlichen und für die Konfis heben als auch die eigene Arbeitszufriedenheit stärken. Kompetenz- und gabenorientiertes Arbeiten wird möglich, im Flow und im Austausch über Schwierigkeiten gibt die Arbeit Kraft zurück.

3.2 Gemeindeverbindende Teams

Begriffe wie Kirchspiel, Sprengel, Erprobungsräume oder Kooperationen beschreiben die derzeitigen Wege, um die Zusammenarbeit zwischen (Parochial-)Gemeinden zu verstärken. Für Konfis und Verantwortliche eröffnet eine großzügige Vernetzung viele Möglichkeiten. Konfis gehen gerne mit Freund*innen in die gleiche Gruppe (unabhängig von der offiziellen Gemeindezugehörigkeit), erleben über die eigene Gemeinde hinaus eine größere Gemeinschaft, die Gestaltung wird vielfältiger, Hauptamtliche können sich gegenseitig entlasten und bereichern.

Die Zusammenarbeit kann weit reichen:

- Mehrere Gemeinden schließen sich für einzelne Groß-Projekte zusammen. Die Konfi-Einheiten zwischen diesen Events werden jeweils in der eigenen Gemeinde gestaltet.
- Mehrere Gemeinden verantworten die Konfi-Zeit insgesamt zusammen. Bei so einem Modell wird entschieden, ob die Treffen immer an dem gleichen Ort oder reihum stattfinden. Solche Zusammenschlüsse werden in Regionen mit wenigen Konfis pro Gemeinde oft von den Kirchenkreis-Jugendpfarrämtern unterstützt oder verantwortet.
- Die Gemeinden konzentrieren sich aufgrund der Situation vor Ort auf bestimmte Zielgruppen. Die Konfi-Zeit wird folglich an einem oder mehreren Standorten angeboten.

Mögliche Vorbehalte gegen eine solche Vernetzung und ihre Entkräftigungen:

- »Die Konfis entwickeln keine enge Bindung an ›ihre‹ Gemeinde, wenn sie nicht ausreichend Zeit in ihr erleben.« Die Chancen der Konfi-Zeit liegen darin, dass die Konfis Glauben und Kirche in einer attraktiven, ihnen gemäßen und sie fördernden Form erleben, dass sie diese Zeit mit ihren Freund*innen verbringen können, dass sie sich insgesamt wohl- und aufgehoben fühlen. Das kann in der »eigenen« Gemeinde oder an einem anderen Ort wie dem Freizeitheim des Jugendpfarramtes geschehen. Die

Entscheidung der Gestaltung der Konfi-Zeit wird auf jeden Fall danach getroffen, wo es für die Konfis die besten Voraussetzungen dafür gibt.

- »Die Arbeitsbelastung steigt bei einer solchen Umstellung.« Wird die Konfi-Zeit neu organisiert, steigt erst einmal der Arbeitsaufwand, weil die Beteiligten ihre Vorstellungen und Bedarfe abklären und sich genauer kennen lernen. Sobald die Zusammenarbeit eingespielt ist (und der erste Konfi-Jahrgang gewuppt wurde), sinkt der Aufwand deutlich bzw. verteilt sich um (s.u.). Diesen Prozess können zuständige Personen aus den Jugendwerken oder Beauftragte der Landeskirchen unterstützen.
- Neben der rein organisatorischen Ebene spielt die emotionale Ebene eine bedeutsame Rolle: Stimmt der Umgang miteinander? Respektieren sich die Beteiligten gegenseitig? Werden die Treffen eher als eine Bereicherung erfahren denn als Last? Gemeinsam in einem Flow die verrücktesten Ideen auszubrüten macht glücklich und lässt die Zeit einfach mal Zeit sein.

Mögliche Potenziale einer solchen Vernetzung:

- *Eine neue Aufgabenverteilung im Gemeindealltag*: Es wird abgesprochen, wer welche Aufgaben innerhalb der Konfi-Zeit übernimmt (Gesamtverantwortung, Verantwortung für einzelne Tage) bzw. wer keine direkte Verantwortung für die Konfi-Zeit und stattdessen andere Aufgaben des Gemeindealltags verstärkt übernimmt (Vorsitz Kirchengemeinderat, Kasualien, andere Zielgruppen). Diese Arbeitseinteilung kann im Wechsel geschehen (z.B. jeweils einen Konfi-Jahrgang lang).
- *Eine gabenorientierte Aufgabenverteilung innerhalb der Konfi-Arbeit*: Organisation, Werbung, Jugendgottesdienste, Themengestaltung u.a. werden unter den Beteiligten aufgeteilt, so dass alle etwas machen, was ihnen liegt (nicht alle machen alles).

- *Schwerpunktbildung der Gemeinden*: Aufgrund der Altersstruktur im Gemeindegebiet, der Räumlichkeiten und der personellen Ausstattung der Gemeinden legen sich Schwerpunktbildungen der Gemeinden nahe. Liegen die Gemeinden allerdings weit auseinander, muss es eine Lösung für die Fahrwege geben.
- *Eine gemeinsame Materialnutzung*: In Absprache untereinander bringen die Gemeinden das Material ein, das sie im Fundus haben.
- *Eine gemeinsame Verwaltungsorganisation*: In Absprache mit den entsprechenden Mitarbeitenden werden die Verwaltungsaufgaben so organisiert, dass es eine zentrale Verwaltungsstelle oder ein hauptverantwortliches Gemeindebüro für die Konfi-Angelegenheiten gibt. Dank digitaler Möglichkeiten wie Telefonumleitungen, Freischaltungen von Datensätzen, Neuorganisation der Anwesenheitszeiten wird eine gegenseitige Entlastung möglich.
- *Und nicht zuletzt*: In eher säkular geprägten Gebieten mit wenigen Konfis pro Jahrgang werden den Konfis echte Gruppenerlebnisse verschafft.

3.3 Jugendliche Teamer*innen in der Konfi-Zeit

Teamer*innen-Arbeit ist ein Praxisfeld an der Schnittstelle zwischen Konfi- und Jugendarbeit. Einerseits ist sie eine bereichernde Zusammenarbeit innerhalb der Konfi-Zeit und andererseits ein Bereich der Jugendarbeit. Jugendliche übernehmen Verantwortung und beteiligen sich aktiv an der Gemeindearbeit. Dadurch entstehen fließende Übergänge von der Konfi- in die Jugendarbeit:

Es entwickeln sich Vorbilder für die Identifikation mit Kirche und Konfis werden selbst motiviert zum Weitermachen in der kirchlichen Jugendarbeit.

Teamer*innen arbeiten nicht ohne Grund mit. Es ist ihre Art, Kirche zu erleben, etwas zu finden und zu bekommen: Halt, Geborgenheit, Aufmerksamkeit, Wirkungsraum. Neben der Gemeinschaft und dem gemeinsamen Spaß wollen sie den Glauben weitergeben. Sie sind Gemeinde.

Eine solche Identifikation entsteht über Partizipation, also Beteiligung nicht nur durch Anwesenheit, sondern durch Mitbestimmung und Verantwortung. Je mehr Verantwortung die Jugendlichen übernehmen, desto stärker entwickeln sie ihre Persönlichkeit und desto verlässlichere Mitarbeitende werden sie sein.

Die Zusammenarbeit mit Teamer*innen ist ein eigenes Arbeitsfeld und bedeutet eine Arbeitsveränderung für Hauptamtliche in der Konfi-Zeit. Wer gewohnt ist, wöchentlich jede Einheit auf die Schnelle vorzubereiten, dem*der bereitet die Zusammenarbeit mit Teamer*innen zunächst mehr Arbeit. Da gilt es, eine Balance zu finden zwischen den vielen Terminen in der Arbeitswoche. Denn natürlich wollen die Teamtreffen zur inhaltlichen Vorbereitung vorentworfen und mit ausreichend Zeit eingeplant werden. Andererseits ist es eine Arbeitserleichterung im praktischen Geschehen,

- weil Teamer*innen Kleingruppen übernehmen können, wenn man sonst mit allen Konfis im Plenum arbeiten müsste,
- weil bestimmte Formen wie Konfi-Tage, Churchnights und KonfiCamps mit Großgruppen ohne sie gar nicht möglich wären,

– weil man Verbündete hat, die dichter an den Konfis dran sind, mit denen man sich austauscht und sich gegenseitig unterstützt.

Vor dem Einsatz klärt man mit sich selbst und gemeinsam mit den möglichen Teamer*innen, was man voneinander möchte, damit die Zusammenarbeit erfreulich und gewinnbringend für alle (nicht zuletzt für die Konfis!) ist und es keine gegenseitige Enttäuschung gibt. Das betrifft vor allem die Rolle der Jugendlichen in Beziehung zu Leitung und Konfis, ihre Funktion in der Gruppe, ihre konkreten inhaltlichen und methodischen Aufgaben sowie ihre Rechte und Pflichten. In einem ausführlichen Gespräch wird dies vorab geklärt und ein mündlicher oder schriftlicher Team-»Vertrag« erstellt.

3.3.1 Die Rolle von Teamer*innen zwischen Konfis und Hauptamtlichen

Grundsätzlich sind jugendliche Mitarbeitende »dritte player« im Team. Weder sind sie eine weitere hauptamtliche erwachsene Person – das können sie aufgrund ihres Alters und fehlender theologisch-pädagogischer Ausbildung gar nicht sein. Genauso wenig sind sie zusätzliche Teenies in der Gruppe, von den anderen Konfis nicht zu unterscheiden. Jugendliche Teamer*innen sind in der Regel schon konfirmiert, 1-2 (oder mehr) Jahre älter als die derzeitigen Konfis und entsprechend dafür ausgebildet. Im Grunde sind sie Mittler*innen zwischen Konfis und Hauptamtlichen, idealerweise auf Augenhöhe mit beiden. Sie sind ganz jugendlich bei den Konfis und gleichzeitig ganz Teil des Leitungsteams. Ebenso sind sie ein Gegenüber zu beiden, stehen den Konfis gegenüber auf der

Leitungsseite, den Hauptamtlichen gegenüber repräsentieren sie die Jugendlichen.

- Das bedeutet für ihre Rolle aus dem Blickwinkel der Konfis: Teamer*innen sind ihnen nahe durch Alter, Entwicklungsphase, Generationszugehörigkeit, Lebensthemen, jugendliche Sprache, Klamotten, Musikvorlieben, Freizeitgestaltung, Umgang mit social media usw.
  Konfis erwarten von Teamer*innen Verständnis, Spaß und Gemeinsamkeiten.
  Für Konfis können ältere Jugendliche im Leitungsteam Vertrauensperson, Vorbild, Ansprechpartnerin für Persönliches, Repräsentant der Kirche, Begleiterin, Mutmacher, Animateurin, Erklärerin, Spaßmacher ... werden.
- Aus der Sicht der Hauptamtlichen sind die Jugendlichen ein Teil des Teams, die positiv gegenüber Kirche, Gemeinde, religiösen Themen und Glauben eingestellt sind. Durch den Erfahrungs- und Vorbereitungs-Vorsprung können die Jugendlichen (trotz des möglicherweise geringen Altersunterschieds) diese Rolle an der Seite der Leitung ausfüllen. Wenn Hauptamtliche ihr Vertrauen zu Teamer*innen gegenüber den Konfis deutlich machen und sie in ihrer Leitungsrolle ernst nehmen, tun es die Konfis ebenfalls. Für die Hauptamtlichen können sie z.B. »Kollegin«, Spieleanleiter, Verbindungskraft, Ideengeber, Konfi-Versteherin, Assistent, Feedback-Geberin werden. Sie sind keine billige Vertretungskraft und keine Handlanger, die lediglich die Stifte austeilen und hinterher aufräumen! Sie sind genau wie die Erwachsenen Beispiele für Glaubende im gemeinsamen Erfahrungshorizont Konfi-Zeit.

Zur Vorbereitung der Beschäftigung mit den Rollen der Jugendlichen im Team bieten sich folgende Übungen an:

Rollenkarten

Karten mit möglichen Rollenbegriffen auslegen und Teamer*innen je für sich wählen lassen: Was möchte ich vor allem sein, was noch, was gar nicht? Diese Karten werden in eine Reihenfolge nach Priorität gebracht. Ergänzend kann die leitende Person dasselbe im Hinblick auf die Teamer*innen machen. Die Ergebnisse werden zusammen verglichen. Diese Übung bietet eine gute Grundlage für ein Gespräch, was wer von wem erwartet, was oder wer wofür gebraucht wird und wo eigene Bedürfnisse und Grenzen sind. Wenn Teamer*innen länger mitmachen und diese Übung bereits aus dem Vorjahr kennen, entdeckt man viele Entwicklungen und kann z.B. gezielt Einzelne fördern.

Statuenbau

Je drei Personen aus dem Team entwickeln gemeinsam ein Standbild mit den drei Rollen Konfi, Teamer*in, Hauptamtliche*r. Das Standbild soll ein ideales Zusammenspiel ausdrücken. Dabei kann man achten auf Nähe – Distanz, Ebenen, Kontakt und Blickrichtung. Mögliche Fragen bzw. Perspektiven für eine Auswertung:

- Was fällt an diesem Standbild zunächst auf? (Atmosphäre, Thema, Gefühl)
- Wer steht über/unter wem? Wer hat zu wem Nähe/Kontakt? Wer hat wen im Blick? Welche Art von Beziehungen drückt das Bild aus?
- Was bedeutet das für unsere gemeinsame Arbeit im Team?
- Welches 3er-Bild wollen wir idealerweise?

3.3.2 Aufgaben, Rechte und Pflichten von Teamer*innen

Vor dem Beginn der Teamer*innen-Tätigkeit ist es sinnvoll, sich über die konkreten Aufgaben der Jugendlichen während der Konfi-Zeit auszutauschen.

Was Teamer*innen im Rahmen ihrer Konfi-Arbeit dürfen und was nicht, legt zum einen ein rechtlicher Rahmen fest (siehe Kap 15: Gesetze und Ordnungen), der zu beachten ist. Es hat ebenso mit der jeweiligen Gemeindetradition und mit einzelnen Entscheidungen der hauptamtlichen Personen über Verantwortung und Vertrauen zu tun. Zusätzlich gibt es persönliche Erwartungen und Wünsche von beiden Seiten, ganz individuelle Gaben, Vorlieben und Grenzen der einzelnen Teamer*innen. Idealerweise kann jede*r mit den eigenen Stärken glänzen, ohne überfordert zu sein. Es ist nötig, darüber im Vorfeld mit allen Beteiligten (Kirchenvorstand, Mitarbeitende, Teamer*innen, deren Eltern, ggf. durch eine Mitteilung an Konfi-Eltern) Klarheit zu gewinnen und Verabredungen zu treffen.

Rechte von Teamer*innen

Was dürfen Teamer*innen?

- *Rechtlich*: Die selbstständige alleinige Betreuung einer Gruppe (im Ausnahmefall) darf erst ab 16 Jahren mit Besitz einer Jugendleitercard (Juleica) ausgeübt werden. Die Aufsichtspflicht ist in dem Fall den Jugendlichen durch die Gemeinde zu übertragen und die Konfi-Eltern sind darüber zu informieren.
- Teamer*innen unter 16 Jahren dürfen als Teil des Teams Kleingruppen leiten, Konfis Anweisungen geben, als Betreuungspersonen das Freizeitteam unterstützen usw.
- *Gemeindeintern*: Es ist vorab zu klären, welche Verantwortung und wie viel Vertrauen die Teamer*innen übertragen bekommen,

ob sie z.B. einen Schlüssel für das Gemeindehaus erhalten, einen Spieleabend entwerfen und durchführen ohne vorherige »Absegnung« durch die Verantwortlichen, Besorgungen im Namen der Kirchengemeinde machen dürfen, über einen Geldbetrag verfügen:

»Nichts kann den Menschen mehr stärken als das Vertrauen, das man ihm entgegenbringt.« Adolf von Harnack

Was dürfen Teamer*innen NICHT?

- Ihre Aufsichtspflicht verletzen,
- das Vertrauen missbrauchen, z.B. ohne Wissen der Hauptamtlichen / des Kirchengemeinderates die Gemeinderäume benutzen,
- Entscheidungen alleine treffen, z.B. über Ausfall der Konfi-Zeit o.Ä.,
- Elterngespräche führen,
- sich mit den Konfis gegen die Hauptamtlichen verbünden,
- vereinbarte Regeln mit den Konfis brechen,
- sich unangemessen, distanzlos, übergriffig gegenüber Konfis verhalten.

Pflichten von Teamer*innen

Auch hier gibt es einen rechtlichen Rahmen, der gleichfalls ehrenamtlich Mitarbeitende betrifft:

- Es gilt die Schweigepflicht über all das, was in der Konfi-Gruppe erzählt wird.
- Es gibt eine Meldepflicht, in diesem Fall eine Mitteilung an die hauptamtliche Leitungs-Person, bei Verdacht auf sexuelle oder gewalttätige Übergriffe (§ 8a SGB VIII Schutzauftrag bei Kindeswohlgefährdung), Suizidgefahr o.Ä.

Dies ist im Idealfall in einem Vertrag/einer Vereinbarung schriftlich festzuhalten, da es evtl. rechtliche Konsequenzen hat (z.B. eine Selbstverpflichtungserklärung zur Prävention sexuellen Missbrauchs, Schweigepflichtserklärung usw.).

Außerdem werden interne Pflichten miteinander besprochen und verabredet, z.B.

- die Verpflichtung, während des ganzen laufenden Konfi-Jahrgangs mitzuhelfen,
- immer eine halbe Stunde vor Beginn zur Teambesprechung zu kommen,
- jedes Mal für die Blitzlichtrunde, das Aufwärmspiel, den Schlusssegen, die Kleingruppen-Leitung o.Ä. zuständig zu sein,
- auf jeden Fall bei der Konfi-Fahrt dabei zu sein.

Wenn Teamer*innen diesen Vereinbarungen nicht nachkommen, werden sie angerufen, angesprochen, die Gründe erfragt. Oft ringt man als Leitung mit einzelnen Teamer*innen. Und oft lohnt sich dies für alle Beteiligten.

Sinnvolle inhaltliche und methodische Aufgaben von Teamer*innen

- Inhaltliche und methodische Vorbereitung der kompletten Konfi-Einheit mit der verantwortlichen Leitung,
- Spiele und Warm-Ups ausdenken und anleiten,
- Andachten vorbereiten und feiern,
- Rituale anleiten (Blitzlichtrunden, Feedback, Gebet und Segen am Ende),
- Begleitung und Moderation der Kleingruppenarbeit (z.B. beim Collage-Erstellen, Rollenspiel erarbeiten, Gebet schreiben, …),

- eine inhaltliche Station beim Konfi-Tag vorbereiten und alleine leiten,
- Texte vorlesen (mit verteilten Rollen), Anspiele einüben,
- Freizeitprogramm auf Fahrten planen und durchführen (Spieleabend, Spaßturnier, Strandwanderung usw.),
- organisatorische Aufgaben: Material vorbereiten, Tischdienst einteilen, Technik bedienen,
- über den eigenen Glauben sprechen,
- Konfis miteinander über das Thema ins Gespräch bringen,
- persönliche Unterstützung für einzelne Konfis mit Assistenzbedarf (z.B. für jemanden mitschreiben, in einfache Sprache übersetzen, an die Hand nehmen),
- eigenes (Jugend-)Wissen einbringen (z.B. in der Vorbereitung »Jugendliche finden cool, wenn…«, im Gruppengespräch eigene Positionen einbringen).

Sehr wertvoll sind ihre Beobachtungen in den Konfi-Einheiten (für Nachbesprechung und Auswertung):

- *Inhaltlich*: Wo waren Konfis persönlich berührt? Welche Erkenntnisse haben sie heute geäußert? Welche »Botschaft« ist bei den Konfis angekommen?
- *Gruppendynamisch*: Welche Gruppendynamik habe ich erlebt? Welche Störungen gab es? Warum? Wer blieb außen vor? Wie hat sich Konfi XY eingebracht? Welche Lösung hat sich ergeben?
- *Teambezogen*: Welche Frage hat den Prozess vorangebracht? Wo hat die Leitung oder Teamer*in jemanden übersehen oder vorgezogen?

3.3.3 Qualifizierung und Begleitung der Teamer*innen

Grundausbildung für Teamer*innen

Teamer*innen müssen für ihre Aufgaben qualifiziert werden. Traditionell gibt es die »Juleica« für Jugendliche ab 16 Jahren, die häufig vom Jugendwerk des Kirchenkreises bzw. Dekanats angeboten wird. Ein Juleica-Kurs beinhaltet rechtliche Grundlagen (Prävention sexualisierter Gewalt, Aufsichtspflicht), pädagogisches Grundwissen sowie spielpädagogische und kreative Methoden kennenlernen. Altersgemäße Aus- und Fortbildungen für Teamer*innen unter 16 Jahren werden häufig vom Kirchenkreis-Jugendwerk in Zusammenarbeit mit Gemeinden oder Regionen angeboten. Eine solche Fortbildung sollte Voraussetzung für eine Co-Leitung in der Konfi-Zeit sein. Ein bewährtes Beispiel für eine grundlegende Ausbildung für Teamer*innen ist die Teamercard der Nordkirche.[21]

Dazu gehört die Qualifizierung in

- Selbstwahrnehmung (meine Stärken und Grenzen),
- Gruppenpädagogik und Kommunikation (Gruppenphasen, Rollen in Gruppen, Leitungsstile),
- Gesprächsführung (Moderation, vor Gruppen sprechen, Argumentieren, Feedback),
- methodischen Kompetenzen, z.B. spiel-, theater-, erlebnispädagogisch, technisch, organisatorisch,
- religionspädagogischen Kompetenzen (über den Glauben sprachfähig werden, einfallsreiche Zugänge zu Bibeltexten, Gestaltung von Andachten und Gottesdiensten).

Teamvereinbarung

Zur beiderseitigen Sicherheit ist eine Teamvereinbarung vorab förderlich, die beispielsweise folgende Dinge regelt:

- Verpflichtung für den Zeitraum ... (z.B. für einen Konfi-Jahrgang, ein Schuljahr),
- Rechte und Pflichten der Teamer*innen,
- grobe Aufgabenbeschreibung (wie eine Arbeitsplatzbeschreibung),
- Vergünstigungen für die ehrenamtliche Tätigkeit, z.B. Fahrtkostenerstattung, kostenlose Mitfahrt auf das KonfiCamp, eine Fortbildung.

Begleitung der Teamer*innen

Während der laufenden Konfi-Zeit müssen die Teamer*innen weiter begleitet werden, z.B. durch regelmäßige gemeinsame Vor- und Nachbereitung, gegenseitige Rückmeldung, Einbindung in gemeindliche Gremien (Mitspracherecht z.B. als Delegierte im Jugendausschuss), Informationen über konfirelevante Themen des Kirchengemeinderates, Informationen über Veranstaltungen und Fortbildungen für Teamer*innen im Dekanat/Kirchenkreis.[22]

Dank und »Ehre«

Auf jeden Fall gehört eine hochschätzende Form von Dank für den ehrenamtlichen Einsatz und die »ehrenvolle« Einbindung in die Gemeinde dazu.

Formate dafür sind z.B.

- die »Einsegnung« der Teamer*innen im Gottesdienst,
- ihre Vorstellung im Gemeindebrief,
- die Mitwirkung in Konfi-Gottesdiensten und bei Konfirmationen (Vorlesen der Konfi-Sprüche, Beteiligung beim Segen),

- Geburtstagsgeschenke,
- Dankfeier für ehrenamtliche Jugendliche.

Mehr lesen

- Franke, Rainer: Ehrenamtliche in der Konfi-Arbeit, in: Ebinger, Thomas u.a., Handbuch S.113-124
- Adler, Heinz / Feußner, Hartmut / Schlenker-Gutbrod, Karin: Teamer in der Konfirmandenarbeit: Schulungsmodule für Ehrenamtliche, Gütersloh 2007
- Franke, Rainer / Thiele-Petersen, Astrid: Das Neue TeamerHand-Buch. Für Ehrenamtliche in der Konfirmandenarbeit, 3. Aufl., Gütersloh 2022

4 GRUPPENPÄDAGOGIK

4.1 Einführung in Gruppenpädagogik

Um eine Gruppe erfolgreich zu leiten, ist das Verständnis davon, was eine Gruppe ausmacht und wie sie funktioniert, entscheidend. Die Dynamik einer Gruppe enthält

- die gesamte Entwicklung der Gruppe mit ihren einzelnen Phasen,
- die Gruppenzusammensetzung und -konstellation,
- die Rollenverteilung,
- die Bildung von Werten und Normen,
- die Gestaltung der Gruppenkultur und
- den Umgang mit anderen Personen und Gruppen.

Jedes Handeln darin gehört zum Prozess und macht die Gruppe dynamisch.

Gruppenpädagogische Kompetenzen wie Wahrnehmung, Kenntnis von und Umgang mit Gruppendynamik und Gruppenprozessen sind daher zweckmäßig.

Als Konfi-Leitende ist es nötig, nicht nur die »Vermittlung des Stoffes« im Sinn zu haben und sich Gedanken über die Methodenwahl zu machen, sondern zudem wahrzunehmen und zu fördern, dass die Konfis als soziale Gruppe unterwegs sind.

In mancher Hinsicht hat eine Konfi-Gruppe immer wiederkehrende Eigenschaften:

- Die Gruppen-Zusammensetzung ist sehr heterogen. Wenn eine Konfi-Gruppe neu zusammenkommt, ist es ein gemischter Haufen von Individuen unterschiedlicher Herkunft, Milieus, Entwicklungsstände, Talente, Vorlieben, Stärken und Grenzen. Aufgabe der Gruppenleitung ist, sie alle anzusprechen und zu beteiligen.
- Die Gruppenbildung hat nicht freiwillig stattgefunden. Die Jugendlichen kennen sich in der Regel nicht (alle) und würden wahrscheinlich – selbst gewählt – als Gruppe so niemals zusammengekommen sein.
- Ein gemeinsames Interesse und der Wunsch nach guter Zusammenarbeit können nicht vorausgesetzt werden (wie z.B. in einem Sportteam). Für die Leitung bedeutet dies, dass geeignete Methoden zum Kennenlernen, zur Förderung einer Gruppenidentität und Teambuilding nötig sind.
- Das Gruppenziel ist inhaltlich und zeitlich definiert durch den Abschluss mit der Feier der Konfirmation, d.h. eine natürliche Gruppen-Fluktuation (Wegbleiben bei Desinteresse, Konflikten oder Neuzugänge) gibt es in der Regel wenig.

Gleichzeitig ist jede Gruppe bestimmt durch eine Vielzahl individueller Persönlichkeiten und Beziehungskonstellationen. Mit jedem Treffen können sich Begegnungen, Gespräche, Spannungen oder Gemeinsamkeiten ergeben und das Beziehungsgefüge verändern. Cliquenbildung, Fronten oder Einzelgängertum sind je nachdem förderlich oder hinderlich für eine konstruktive Zusammenarbeit. Das bedeutet für die Verantwortlichen, das soziale Gefüge der Gruppe im Auge zu behalten, Einzelkontakte und Kleingruppen-Begegnungen zu ermöglichen, Gruppenerlebnisse zu schaffen

(Spiele, Teamaufgaben, Kooperationsübungen), Kommunikation einzuüben, gegenseitige Achtung zu vermitteln und zu erproben sowie eigene Entdeckung zu fördern.

4.2 Gruppenphasen

Elementar für die Arbeit in Gruppen ist das Verstehen von Gruppenprozessen sowie deren gezielte Bildung und Steuerung. Jede Gruppe durchläuft idealtypische Phasen, unabhängig davon, ob es sich um einen 2-jährigen Konfi-Kurs oder eine Woche Konfi-Freizeit handelt. Ausnahmen von dieser Regel: Nicht alle Gruppen durchlaufen immer alle Phasen idealtypisch. Äußere Umstände und Settings (z.B. zu kurze Dauer einer Wochenstunde oder zu große Abstände zwischen den einzelnen Treffen) verändern das Durchschreiten der Phasen.

Jede Phase ist durch bestimmte Grundbedürfnisse der einzelnen Gruppenmitglieder gekennzeichnet. Um das Bedürfnis zu erfüllen, verhalten sich die Teilnehmenden je nach Persönlichkeit in unterschiedlicher Ausprägung, dennoch in typischer Weise untereinander und zur Leitung. Das wahrzunehmen und zu nutzen ist für die Leitung hilfreich im Hinblick auf das Gruppenklima, Arbeitsklima und das Erreichen der selbstgesteckten Ziele:

- Wenn ich die Phasen bei meiner Planung berücksichtige, kann ich mein inhaltliches Angebot im Verlauf der gesamten Konfi-Zeit danach ausrichten und jede Stunde entsprechend planen (z.B.: Wann mache ich die erste Wochenend-Freizeit, wann bietet sich ein Projekt wie ein Konfi-Gottesdienst an, wann beginne ich mit Vertrauensspielen?).

- Aus jeder Phase ergeben sich für die Gruppenleitung bestimmte Leitungsrollen, besondere Aufgaben und Bedingungen für die Programmplanung.
- Zudem ist es nötig, die Gruppe durch geeignete Methoden gut durch jede Phase hindurchzuführen, keine zu unterdrücken oder »dagegen« anzugehen. Wenn die schwierigen Phasen durchlaufen sind, ist die Gruppe weiter zusammengewachsen und ein gutes und produktives Miteinander möglich.

Folgende Gruppenphasen[23] kann man unterscheiden (hier auf die Konfi-Zeit angewandt):

1. Forming (Orientierungsphase, Kennenlernphase)

- *Konfi-Bedürfnis*: Sicherheit, Aufmerksamkeit.
- *Konfi-Verhalten*: Nett, unsicher, höflich, vorsichtig, unpersönlich, abwartend, zurückhaltend, gegenseitiges Abtasten, Identifizieren von Gemeinsamkeiten und Unterschieden zu anderen, Vorschussvertrauen in die Gruppenleitung.
- *Leitungsaufgaben*: Einen geschützten Raum zur Verfügung stellen, Regeln setzen, Orientierung im Ablauf geben, Rituale und Arbeitsformen einführen, Grenzen und Spielräume festlegen, jeder*m Aufmerksamkeit und Anerkennung schenken, Entfaltung der eigenen Kreativität ermöglichen.
- *Leitungsrolle*: Klare Führung.
- *Programm/Methoden*: Kennenlernspiele, Kontakte auf verschiedenen Ebenen ermöglichen (reden, bewegen, werkeln, backen, ...), Partner*innen-Arbeit und Kleingruppen-Einteilungen steuern (um z.B. stillen Jugendlichen Kontakte zu ermöglichen und vorhandene Cliquen zu mischen), Themenwahl noch nicht zu persönlich, zu konkreten Tätigkeiten auffordern mit klaren Handlungsanweisungen.

2. Storming (Konfliktphase, Grenzziehungsphase)

- *Konfi-Bedürfnis*: Zugehörigkeit, Anerkennung, einen Platz in der Gruppe finden.
- *Konfi-Verhalten*: Orientierung an Mit-Konfis, Cliquenbildung, Rollen entstehen, Konkurrenzdenken, Machtstellung erproben, Nähe und Distanz ausloten, Konfrontation der Personen, unterschwellige Konflikte, Widerstand gegen die Leitung, Grenzen austesten.
- *Leitungsaufgaben*: Verschiedene Fähigkeiten der Konfis hervorrufen, ermutigen, integrieren, schlichten, Konflikte thematisieren und lösen, auf ein gemeinsames Ziel fokussieren, Programm vorgeben.
- *Leitungsrolle*: Anleitung.
- *Programm/Methoden*: Abwechslungsreiche Methodenvielfalt (um alle zum Zuge kommen zu lassen), Kommunikationsspiele, kleine Teamaufgaben, Kooperationsspiele, erlebnispädagogische Übungen.

3. Norming (Normierungsphase, Kooperationsphase)

- *Konfi-Bedürfnis*: Selbstverwirklichung, Integrität, Spaß, Kreativität.
- *Konfi-Verhalten*: Entwicklung neuer Umgangsformen und Verhaltensweisen, Bildung von Wir-Gefühl und Gruppenkultur (Symbole, running gags, Rituale), offener Austausch, respektvoll, konstruktive Dialoge, Klärung von Rollen, Konfrontation der Standpunkte.
- *Leitungsaufgaben*: Aufgabenorientiert vorgehen, Regeln und Konflikte begleiten; Konfis ermutigen, eigenverantwortlich zu arbeiten; Offenheit, über Erfahrungen und Gefühle zu sprechen.
- *Leitungsrolle*: Coach.
- *Programm/Methoden*: Gruppenaufgaben, Vertrauensspiele, Arbeit an persönlichen Themen wie Glaube, Tod, Angst, Freundschaft.

4. Performing (Integrationsphase, Gestaltungsphase)

- *Konfi-Bedürfnis*: Stärkung der Gruppen-Identität, Gemeinschaft.
- *Konfi-Verhalten*: offen, flexibel, ideenreich, solidarisch, hilfsbereit, leistungsfähig, effektiv, akzeptierend, zwanglos, natürlicher Umgang, konstruktives Arbeiten, Gruppengefühl, Harmoniebestreben.
- *Leitungsaufgaben*: Weiterentwicklung fördern, Konfis mehr am Programm beteiligen, unterstützen, motivieren.
- *Leitungsrolle*: Moderator*in.
- *Programm/Methoden*: Gemeinschaftsprojekte (Film drehen, Kunstprojekt, Gottesdienst gestalten), Außenkontakte (Begegnung mit anderen Gruppen, Gemeindeprojekte).

5. Adjourning (Abschiedsphase, Auflösungsphase)

- *Konfi-Bedürfnis*: wahlweise Kontinuität (wir wollen uns weiter treffen) oder Abgrenzung.
- *Konfi-Verhalten*: Freude, Stolz, gemeinsame Erinnerungen leben auf, Aufregung (vor der Konfirmation), Abschiedsschmerz, Neu-Orientierung.
- *Leitungsaufgaben*: Auflösung bewusst gestalten, Raum für Rückblick und Rückmeldungen geben, Projekte abschließen, Arbeiten und Prozesse würdigen, Konfis in die Gestaltung des Konfirmationsgottesdienstes einbeziehen.
- *Leitungsrolle*: Führung
- *Programm/Methoden*: Abschluss-Projekt (z.B. Ausstellung entstandener Produkte), Feier planen, Gestaltung der Konfirmation planen, Abschiedsritual, Nachtreffen organisieren, Übergang in die Jugendarbeit bzw. Teamer*innenarbeit fördern und ermöglichen.

4.3 Rollen in Gruppen

Warum macht einer nie richtig mit, eine macht immer Quatsch und ein anderer will immer alles bestimmen? Und was kann ich dann tun? Menschen sind unterschiedlich und das ist gut so. In einer Gruppe suchen alle ihren anerkannten Platz und es bilden sich innerhalb kurzer Zeit Rollen heraus, die von einzelnen Gruppenmitgliedern eingenommen oder die ihnen von anderen zugesprochen werden.

Eine Rolle oder Gruppenposition ist die Stellung oder Funktion in einer Gruppe, die sich im Laufe der gemeinsamen Zeit herausbildet. Es gibt eine Reihe anerkannter Persönlichkeits- oder Teamrollen-Modelle. Es lohnt, sich damit zu beschäftigen, um das Verständnis für andere Menschen und deren Rollen zu vertiefen. Beispiele dafür sind: Die 9 Persönlichkeitsmuster im Enneagramm, das Fünf-Faktoren-Modell mit fünf verschiedenen Persönlichkeitsdimensionen, das Teamrollen-Modell nach Meredith Belbin.

Häufig werden diese Rollen mehr von anderen zugeschrieben als bewusst oder freiwillig eingenommen: Erst durch die Akzeptanz der anderen gelangt ein Gruppenmitglied in eine bestimmte Position (kein Mensch wird zum Anführer, ohne dass die anderen Gruppenmitglieder ihn in der Rolle akzeptieren und ihm folgen).

- Jede Rolle hat einen Nutzen für die Gruppe. Optimal ist ein Team, in dem viele Rollen vertreten sind und jeder mit seiner Besonderheit, jede mit ihren Fähigkeiten glänzen kann.
- Jede Rolle hat ihre Stärken und Schwächen.
- Eine Rolle ist dabei keine starre Eigenschaft, sondern kann in unterschiedlichen Zusammenhängen anders ausgeprägt sein.

Für die Leitung ist es wichtig zu beobachten, welche Rollen die einzelnen Konfis haben, welche ihnen im Gruppenprozess verliehen werden (gewollt oder ungewollt) und wie sich die Gruppenkonstellation insgesamt zeigt.

- Es ist gut, sich des Rollenverhaltens bewusst zu sein und zu erkennen, dass alle für die Gruppe von Bedeutung sind. Durch Teamspiele, in denen es auf jede*n Einzelne*n ankommt, erfahren Konfis das praktisch.
- Manchmal ist es hilfreich, das Rollenverhalten zu regulieren, also nicht selbst jemanden auf eine Rolle festzulegen, sowie einzugreifen, wenn Rollenzuschreibungen das Gruppenklima stören (Clown*in, Rebell*in) oder Einzelne sich dadurch in ihrer Freiheit und Entwicklung eingeschränkt fühlen (Außenseiter*in, Sündenbock …).
- Es fördert die Entwicklung, Kleingruppen immer wieder neu zusammenzusetzen. So bekommen alle die Chance, mal eine andere Rolle einzunehmen (wenn vier »Stille« zusammen sind, wird eine*r die Führung übernehmen und Vorschläge machen).
- Die Leitung kann auf bestimmte Prozesse in der Gruppe durch eine »gruppendynamische Intervention« reagieren. Dies kann die Unterbrechung der Beschäftigungen durch eine analytische Situationsbeschreibung sein, eine Frage zur Situation an alle oder eine gruppendynamische Übung (z.B. Blitzlicht, Aufstellungen, Meinungsbilder, Feedback).

Insgesamt geht es darum, die positiven Seiten der Rollen zu fördern, aber immer wieder Veränderungen zu ermöglichen. Konfis können sich gerade, wenn hinter ihrem Verhalten eine Not steckt, flexibler in Gruppen bewegen.

Rollenbeschreibungen und Handlungstipps

- *Anführer*in:* Redet als Erstes und laut; sagt, wo es langgeht; bringt das Arbeitstempo durch Führung voran; hat andere oft nicht im Blick oder lässt sie nicht neben sich gelten; geht keinem Konflikt aus dem Weg → eine Aufgabe geben, in der sie Verantwortung zeigen können, gestaltete Rederunden, damit er*sie mal zuhören und sich zurücknehmen kann.
- *Macher*in:* Legt sofort los; ist pragmatisch, zupackend; oft hilfreich und förderlich; neigt zu Alleingängen, ohne sich mit anderen zu beraten oder Konsequenzen zu bedenken → eine praktische Aufgabe geben; Gruppenaufgaben in drei Schritten stellen (1. gemeinsam brainstormen, überlegen und planen, 2. gemeinsam tun, 3. Prozess reflektieren).
- *Beobachter*in:* Ist still, umgänglich, freundlich und hilfsbereit; zeigt kaum Eigeninitiative und beteiligt sich wenig mit Worten; ist teamfähig, weil er*sie mitmacht, was Konsens ist → Aufgaben stellen, in denen jede*r Einzelne etwas zu tun / zu sagen / zu präsentieren hat; die Person beachten; einbeziehen und ermutigen.
- *Vermittler*in:* Ist friedliebend, freundlich, konfliktscheu; kann sich gut Meinungen anpassen; zeigt weniger Eigeninitiative; vermittelt in Konflikten und kann allem etwas abgewinnen → in Kleingruppen mit Konfliktpotenzial einsetzen, ermutigen, eine eigene Meinung zu bilden und auszudrücken.
- *Perfektionist*in:* Ist zuverlässig, genau, erfüllt jede Aufgabe schnell, gut und nach Anweisungen; möchte es dem*der Hauptverantwortlichen recht machen; erwartet ebenfalls von anderen Pünktlichkeit und Zuverlässigkeit; ist leicht unzufrieden, wenn andere dies nicht ernst nehmen; neigt zu Besserwissertum → eine Aufgabe mit Verantwortung geben, ermutigen, auf Gefühle zu achten, und zeigen, dass es nicht um richtig und falsch geht.

- *Clown*in:* Hat immer einen lockeren Spruch und Spaß auf Lager; sorgt für lustiges Arbeitsklima; lenkt sich und andere leicht ab; weicht Konflikten und Tiefgang eher aus; dreht auf, wenn er*sie von anderen in die Rolle hineingedrängt wird → ernst nehmen (!), zwischendurch für ruhige Atmosphäre und Stimmung sorgen, sie*ihn zu seiner*ihrer echten Meinung ermutigen.
- *Einzelgänger*in:* Individuell, entweder sich selbst isolierend (ich bin anders als die anderen) oder von anderen in die ungeliebte Rolle des*der Außenseiter*in gedrängt (ignoriert oder Opfer von Mobbing) → Teamspiele wählen, in denen es auf alle Einzelnen ankommt (»wir schaffen das nur alle zusammen«); Partner*innenkontakte ermöglichen (ohne Gruppendruck entsteht leichter Kontakt); Spiele und Methoden einsetzen, in denen jede*r sich in einen*n Außenseiter*in hineinversetzt.
- *Boykotteur*in:* Hat »keinen Bock« und findet alles doof; lässt sich nicht persönlich auf Auseinandersetzung ein; lässt gerne die Leitung auflaufen und verweigert Zusammenarbeit → mich selbst fragen, ob meine Methoden langweilig sind; durch Methodenvielfalt herausfinden, womit er*sie zu packen ist (und welche Gaben sie*er hat); Aufgaben stellen, in denen jede*r etwas einbringt.
- *Rebell*in:* Ist aktiv gegen alles, als Antiheld*in gegen den*die Anführer*in und gegen die Leitung; polarisiert, schart oft die um sich, die nicht der Anführerin hinterherlaufen → bei Kleingruppenbildung die »Fronten« mischen, keine Wettspiele mit Gewinner*innen und Verlierer*innen initiieren, sich nicht provozieren lassen.

Übungen zur Rollenwahrnehmung und Kooperation in der Konfi-Gruppe

- »Meine Stärken und Schwächen« in der Kennenlernphase: Ich kann besonders gut …, ich möchte gerne noch lernen …, ich kann gar nicht …
- »Stopps im Prozess« ermöglichen eine Diskussion auf der Meta-Ebene: Was passiert hier gerade in der Gruppe? Wie fühlt ihr euch dabei?
- Team-Übungen, die Kooperation benötigen und zeigen, dass ein Ergebnis nur gelingt, wenn alle beteiligt sind und jede*r mitmacht (siehe Kap 10.3: Kooperative Methoden).
- Übungen, in denen Konfis lernen, dass ihr Verhalten Wirkung und Konsequenzen hat. Dies kann z.B. Standbilderbauen zu einzelnen Rollen sein und mit einer*m Partner*in im Gegenüber stehen und so deren Reaktion auf eine Haltung durch eine neue Position aufzeigen.

4.4 Leitungsstile

Die Einteilung der verschiedenen Leitungsstile des Sozialpsychologen Kurt Lewin (1890-1947) ist bis heute anerkannt. Er grenzte die Führungsstile folgendermaßen ab:

- autoritär (direktiv, bestimmend)
- laissez-faire (laufenlassend, antiautoritär)
- demokratisch (partnerschaftlich, kooperativ).

Jeder Leitungsstil hat besondere Merkmale und Vor- und Nachteile. Optimal ist ein situativer Leitungsstil, d.h. ich entscheide mich als Leitung je nach Gruppenphase, Alter und Reifegrad der Teilnehmenden, Gruppenklima und aktueller (Gefahren-)Situation, welche Form der Leitung ich ausübe.

Autoritärer Leitungsstil

- *Merkmale:* Die Leitung steht deutlich im Gegenüber zur Gruppe, steht über der Gruppe. Die Leitung bestimmt Inhalte, Regeln, Ablauf, Methoden, Aufgaben, Zeiteinteilung. Sie macht klare Ansagen und Anweisungen, motiviert, beaufsichtigt, sorgt für Ruhe, kontrolliert, ist Ansprechperson.
- *Vorteile:* Alle wissen, woran sie sind, es gibt klare Orientierung und somit Sicherheit. Auf die Leitung ist Verlass, das Gruppengeschehen verläuft strukturiert und planmäßig, es gibt wenige »Störungen«, man schafft viel.
- *Nachteile:* Es gibt kaum Beteiligungskultur, Eigenverantwortung, wenig Diskussionen. Konfis lernen nicht, ihre eigene Meinung zu sagen und die Gefahr von Boykott ist hoch. Womöglich entsteht ein Klima von Angst oder mangelndem Zutrauen.
- *Sinnvoller Einsatz:* Zum einen braucht die Gruppe in der ersten Anfangs-Phase (oder am ersten KonfiCamp-Tag), wenn noch große Unsicherheit bei den Konfis herrscht, Orientierung und klare Ansagen, um einen strukturierten sicheren Rahmen zu schaffen. Das Vorschussvertrauen der Konfis wird ergänzt mit Respekt. Auf dieser Basis kann man es später »auch mal laufen lassen«. Zum anderen benötigt es in der Situation von möglichen Gefahren (z.B. bei körperlichen Auseinandersetzungen zwischen Konfis, bei Verletzungen, Mobbing und ähnlichen Situationen) schnelles Eingreifen und klare Vorgaben bzw. Anweisungen, was zu tun ist. Die Leitung muss zur Wahrung der Aufsichtspflicht akzeptiert und respektiert werden.

Laissez-faire (= französisch für »machen lassen«)

- *Merkmale:* Die Leitung steht mitten in der Gruppe, ist als Leitung kaum erkennbar. Alle können machen, was sie wollen. Die Leitung »guckt mal, was sich so ergibt«, lässt alle Impulse und

Verhaltensweisen der Gruppe laufen, gibt kaum etwas vor und greift nicht ein. Jede*r bringt sich selbst ein.

- *Vorteile*: Die Gruppe hat viele Freiheiten und lernt Eigenverantwortung und Selbstbestimmung. Die Leitungsperson ist meistens beliebt, weil sie nicht streng ist und viel Spaß untereinander entstehen kann.
- *Nachteile*: Es besteht die Gefahr von Chaos, Langeweile, Genervtsein. Ohne Anregungen und Regel-Vorgaben sind Konfis schnell überfordert, sich selbst zu organisieren. Da keine Verantwortung erkennbar ist, entsteht Unsicherheit. In der Gruppe können sich starke Persönlichkeiten hervortun, schwache und stille Konfis haben keine Chance. Inhaltlich ist die gemeinsame Zeit wenig produktiv.
- *Sinnvoller Einsatz*: In späterer, konstruktiver Gruppenphase (norming und performing) kann man die Konfis in Kleingruppen und Projektgruppen »mal machen lassen«, ohne danebenzusitzen (selbstverständlich unter Wahrung der allgemeinen Aufsichtspflicht). Sie wollen nun selbstständig arbeiten, z.B. ein Kunstwerk für eine Ausstellung erschaffen, das gemeinsame Essen organisieren oder ein Anspiel für einen Gottesdienst erfinden. Sie sind grundsätzlich in der Lage, sich in Kleingruppen selbst zu organisieren, weil man vorher die Basis dafür geschaffen hat.

Demokratisch

- *Merkmale*: Die Leitung steht im Kreis der Gruppe, ist klar erkennbar. Ein partnerschaftliches, kooperatives Miteinander entsteht. Die Leitung übernimmt die Moderation, gibt Struktur und einen Rahmen vor (wie Thema, Methode, Zeit), der Prozess der Umsetzung liegt in der Verantwortung und Beteiligung der Konfis. Die Methoden werden so ausgewählt, dass es Freiraum für eigene Gestaltung gibt, Anregungen zu Kleingruppenarbeit und Diskussionen.

- *Vorteile:* Konfis können mitentscheiden und fühlen sich respektiert und ernst genommen. Konfis lernen Verantwortung für sich selbst und andere. Durch die Spielräume zur Mitgestaltung können phantasievolle und überraschende Prozesse/Produkte entstehen. Die Stimmung ist meistens offen und locker.
- *Nachteile:* Für die Leitung ist dieser Stil zeitaufwändig, weil es oft Diskussionen gibt. Bei Überstrapazierung nervt es alle. Die Leitung muss sehr aufmerksam und flexibel sein, um nicht nur das eigene Programm »durchzuziehen«, sondern prozessorientiert zu arbeiten und angemessen auf Gruppenimpulse zu reagieren. Ergebnisse können anders als geplant laufen.
- *Sinnvoller Einsatz:* Als grundlegende Haltung durchzieht dieser Leitungsstil die Konfi-Zeit und fördert die Beteiligungsstrukturen innerhalb der Gruppe (und des Teams). In jeder Einheit sollte die Möglichkeit zu Beteiligung und Mitentscheidung gegeben sein (Themenvorschläge, Projektauswahl, Methoden, Diskussionen, die unterschiedliche Meinungen zu einem Thema zulassen). Das erhöht die Lust, aktiv mitzumachen. In Situationen, in denen vorher erarbeitete Regeln nicht eingehalten werden (jemand kommt immer zu spät, auf der Freizeit ist etwas geklaut worden, manche machen nie den Tischdienst, …), kann es förderlich sein, die gesamte Gruppe in die Verantwortung zu nehmen und durch Diskussionen eine Lösung des Problems zu finden. Damit wächst die Gruppeneinsicht, dass alle in der Gruppe die Verantwortung haben, sich sozial anderen gegenüber zu verhalten.

Die transparente Ausübung der Leitungsstile trägt zu einer elementaren Einübung in demokratisches Verhalten bei.

4.5 Konfi-Zeit inklusiv gestalten

Grundsätzlich steht die Konfi-Zeit allen jungen Menschen offen – unabhängig von Herkunft, Hautfarbe, Geschlecht, sexueller Orientierung, Intelligenzquotienten, Begabungen, Lerntypen, Ausdrucksmöglichkeiten und Beeinträchtigungen.

Viele Grundlagen der Konfi-Zeit eignen sich sehr gut für eine inklusive Gestaltung, z.B. abwechslungsreiche Methoden (von kognitiv bis sportlich), sinnliche Erlebnisse, Spiel(e), Parallelangebote, Handlungs- und Erlebnisorientierung, die Arbeit im Team. So können Konfis in all ihrer Unterschiedlichkeit Erfahrungen machen, die sie auf der Suche nach einem gelingenden Leben fördern. Und alle zusammen (Konfis, Teamer*innen, Leitung) üben sich darin, dass alle mal zu ihrem Recht kommen und Rücksicht nehmen.

Um immer wieder zu überprüfen, ob die eigenen Angebote Inklusion fördern, helfen folgende Fragen:

- Welche Geschichten der Bibel greife ich in der Konfi-Zeit auf? Werden mit ihnen Klischees verstärkt oder bieten sie eine bunte Vielfalt an Bildern und Zuschreibungen (z.B. Deborah kämpft und Jakob kocht, verschiedene Gottesbilder, Jünger*innen Jesu, unterschiedliche Liebes- und Familienkonstellationen)?
- Welche gesellschaftlichen Themen greife ich auf (z.B. Rassismus, Mobbing, Geschlechtervielfalt, eine Welt, Religionen)? Kann ich die Befreiungsgeschichte Gottes in diesen Themen aufscheinen lassen?
- Unterstützt meine Sprache Zuschreibungen oder öffnet sie eine Vielfalt (z.B. in der Rede von Gott, in der Gebetssprache, in der stringenten Einteilung von »Jungs und Mädchen«)?
- Welche Methoden bevorzuge ich? Welche Interessen und Bedürfnisse sollten öfter zu ihrem Recht kommen? Sollte ich für

mehr sportliche, wilde, kognitive, alberne, spirituelle, künstlerische, tiefsinnige Zeiten sorgen?

- Welche Bilder nutze ich? Kommen bei Fotos verschiedene Hautfarben, Körperformen, Altersgruppen, Geschlechter vor? Berücksichtigt die Postkartenauswahl verschiedene Geschmäcker (von glitzerig bis krass)?
- Welche Symbole wähle ich aus? Kommen nur »brave« Symbole (z.B. Kerzen, Blumen, Tiere) vor? Gibt es gleichfalls sperrige, kraftvolle (z.B. Werkzeuge, Hanteln, Operationsbesteck, Kabel)?
- Wie verhält sich die Gruppe? Dürfen sich alle Konfis gegen Klischees verhalten, Bilder und Symbole nach ihrem Geschmack (und nicht nach Zuschreibung) auswählen, Kraft zeigen und weich sein?

Inklusion von Menschen mit Behinderungen

Über diese grundlegende Gestaltung hinaus sind mit und für Konfis mit körperlichen oder geistigen Einschränkungen individuell die genauen Bedarfe abzustimmen und zu klären.

Kontakt zu Eltern

Die jungen Menschen und ihre Familien sind die Expert*innen für ihre Lebenssituation. Ein oder mehrere Gespräche im Vorfeld klären Fragen und nehmen Unsicherheiten. Die Schlüsselfragen

- Was brauchst du?
- Was kannst du?
- Wobei brauchst du welche Unterstützung?

helfen bei den Überlegungen, wie ein Konfi-Modell flexibel angepasst werden kann, ob ein Modell in der Umgebung besser zur Familiensituation passt, ob eine kleine oder große Gruppe angemessen ist. Die Familien sind geübt darin, ihr Kind zu unterstützen und lösungsorientiert zu denken. Ebenso wissen sie, ob sie eine Fachkraft zur Assistenz benötigen und wo dafür Anträge gestellt werden können.

Während der Konfi-Zeit wird der Kontakt gehalten. Die meisten Familien reagieren positiv und unterstützend, wenn die Verantwortlichen Offenheit und Interesse zeigen, Befürchtungen und Probleme ansprechen, und haben Verständnis, wenn nicht alles von Beginn an optimal klappt.

Arbeit im Team

Allgemein gelingen Vorbereitung, Absprachen, bleibende Aufmerksamkeit am einfachsten im Team. Wenn Inhalte und Methoden flexibel an überraschende Situationen angepasst bzw. Probleme oder Unmut angesprochen werden müssen, helfen die Gedanken und Tatkraft aller. Weiter kann sich ein Team aufteilen, wenn Hilfestellungen beim Türöffnen, Materialholen, Verstehen der Aufgabenstellung, Gehen anstehen. Ebenfalls kann eine Aufsicht bzw. Begleitung ermöglicht werden, wenn z.B. jemand langsamer ist auf dem Weg zum Bahnhof, Pause von der Gruppe ansteht, vor Gefahren besonders geschützt werden muss, wenn jemand gerne Einzelnen erzählt, was sie*er sich gerade gedacht hat. Die Gruppendynamik wird achtsam verfolgt ggf. neu abgesprochen, damit sich weder Teamer*innen noch Konfis unwohl fühlen.

Die örtlichen Gegebenheiten

Die Räumlichkeiten der Konfi-Zeit sollten möglichst barrierefrei zu erreichen sein (Kirche, Räume im Gemeindehaus, Toiletten, Jugendraum). Bei genauem Hinsehen sieht man oft Türschwellen, zu schmale Türrahmen, eine Stufe in der Kirche und dem Gemeindehaus. Bietet sich ein Raumwechsel an oder einfache Rampen? Für Freizeiten, Übernachtungen und Camps zur Konfi-Zeit müssen die Anreise, das Außengelände, ggf. Zimmer für eine Begleitperson und eventuell geplante Ausflugsziele überprüft werden.

Unterstützungsangebote
Vor Ort helfen Kontakte zu Lehrer*innen bzw. Sozialpädagog*innen an den Förder- oder inklusiv arbeitenden Schulen. Sie können Voraussetzungen erläutern und Tipps und Tricks für den Alltag geben. Viele Kirchenkreise und Landeskirchen haben Beauftragungen für Inklusion und die Gestaltung von Konfi-Zeit eingerichtet, die bei Entscheidungsfindungen, inklusiven Konfi-Einheiten und Spielen weiterhelfen.

Mehr lesen

- Schweikert, PD Dr., Wolfhardt, 2017: Beratungsleitfaden für inklusiven Konfi-Arbeit, Abrufdatum: 12.10.2022, https://www.ptz-rpi.de/fileadmin/user_upload/ptz/einzelhomepageseite/inklusion/Inklusion-gemeinde-pdf/2017_Beratungsleitfaden_INKA.pdf
- Arbeitsgemeinschaft der Evangelischen Jugend in Deutschland e.V. (aej): Inklusionscheck für die Kinder- und Jugendarbeit, Abrufdatum 12.10.2022, https://www.aej.de/politik/inklusion
- Portman, Rosemarie: Die 50 besten Spiele zur Inklusion, 6. Aufl., München, 2021
- Redhead, Irmela / Jeske, Jörg: KonfiCamps inklusiv gestalten, in: Haeske, Carsten / Redhead, Irmela / Weusten, Steffen (Hg.): Das Evangelium ins Zelt setzen. Werkbuch KonfiCamps, Gütersloh 2021, S. 168-177.

4.6 Sensibilität für grenzverletzendes Verhalten

Konfis sind in dem Alter einer sich verändernden Identität und Körperlichkeit (siehe Kap 2: Die Konfis). Das ist eine sensible Zeit, in der zwar oft gespürt, aber noch nicht genau erfasst und verbalisiert wird, was für die eigene Person richtig oder falsch ist (und leider viel zu viele schon grenzüberschreitendes Verhalten bis hin zu Missbrauch erlebt haben). Gleichfalls sind bei Teamer*innen und Hauptamtlichen die Einschätzungen von »okay« und »nicht okay« unterschiedlich. Neben allem, was grenzüberschreitend im Sinn des Gesetzes ist (siehe Kap 15.3: Prävention, Kindeswohlgefährdung), wird besprochen und ausprobiert, wie eine persönliche Grenzziehung eingehalten und zugleich der Gruppenzusammenhalt und gemeinsame Umgang gefördert werden kann.

- Ein Nein ist ein Nein. Nachfragen und Ermutigung sind okay. Ein Nein ist immer zu respektieren, egal, aus welchem Grund es ausgesprochen oder signalisiert wird (vielleicht möchte jemand erst mal schauen oder es gibt negative Erfahrungen).
- Spiele unterliegen Regeln. Da fällt es Konfis und Teamer*innen meist leichter, Kontakt zuzulassen, ohne dass persönliche Grenzverletzungen stattfinden oder empfunden werden. Allerdings sollte sofort reagiert werden, wenn einzelne Konfis Signale des Unwohlseins zeigen. Dann wird dieses Spiel nicht mehr (auf diese Weise, in dieser Gruppe oder insgesamt) gespielt bzw. es ist immer möglich, an einem Spiel nicht teilzunehmen. Hauptamtliche spielen nur mit, wenn keine Gefahr besteht, dass für Beteiligte unangenehme Situationen durch ihr Mitwirken entstehen.
- Ein*e Konfi weint. Trost ist angesagt. Grundsätzlich gilt: Die trostsuchende Person bestimmt den Rahmen, in dem Trost

gegeben wird. Nachfragen wie: »Möchtest du mit mir sprechen oder mit jemand anderem?« oder »Möchtest du allein mit mir sprechen oder sollen wir hier bei der Gruppe bleiben?« helfen, das Setting gut zu gestalten. Es kann eine*n Freund*in dazukommen. Wenn es sich um ein Einzelanliegen handelt, wird einer anderen verantwortlichen Person mitgeteilt »Ich gehe jetzt mit XY in Zimmer AB«, damit andere Bescheid wissen. Körperkontakt ist in solchen Einzelsituationen zu meiden. Es helfen ein Tisch zwischen den Personen oder ein Stuhlabstand im offiziellen Raum. Das transparente Verhalten schützt Jugendliche und Hauptamtliche.

- Mit den Teamer*innen wird die Sensibilität im Team-Training geschärft. Wer darf mich wie wann wo berühren (die Hand an die Schulter legen, in die Wade zwicken, das Gesicht streicheln)? Welche Gespräche sind bei Teamer*innen gut aufgehoben (»Wie spreche ich eigentlich ein Mädchen an?«), wann muss die Leitung eingeschaltet werden (»Ich möchte gerne im Bad ungestört sein, aber XY sagt, die Tür soll offenbleiben«)?
- Welche Begrüßungsrituale pflegen wir im Team? Ist die »Ghetto-Faust« eine gute Begrüßung? Das Hand-Geben? Ist es »normal«, dass sich alle umarmen (und was ist mit denen, die das nicht mögen oder die um jeden Preis dazugehören möchten)? Was ist für die Konfis willkommen-heißend beim Eintreffen? Mit dem Team und den Konfis werden auf diese Weise aktuell gute Lösungen bis hin zu Gruppenritualen gefunden.

Zusammenfassend lässt sich sagen, dass ein fürsorglich-verantwortlich-sensibler Umgang mit den uns anvertrauten jungen Menschen angesagt ist. Sie sollen zu starken Persönlichkeiten heranwachsen mit einem gesunden, selbstbestimmten Verhältnis zwischen Nähe und Distanz.

4.7 Sensibilität für Geschlechtervielfalt

In jeder Gruppe von 10-20 Konfis können wir davon ausgehen, dass mindestens eine Person schwul oder lesbisch liebt, sich als transgeschlechtlich oder nicht-binär identifiziert.[24]

Diese Vielfalt an Sexualitäten, romantischen Gefühlen, Geschlechtsidentitäten und Selbstbeschreibungen wird in der Abkürzung *LGBTQI+* ausgedrückt (lesbian, gay, bi, transsexual, queer, intersexual + weitere Möglichkeiten).

Jugendliche, deren sexuelle Orientierung von den gesellschaftlichen Stereotypen abweicht, werden sich dessen meistens in der Pubertät bewusst. Bei Jugendlichen, die sich nicht mit ihrem bei der Geburt zugewiesenen Geschlecht identifizieren können, tritt das Wissen häufig schon im Kindesalter auf.[25]

Das, was biologisch, medizinisch, soziologisch, psychologisch, kulturhistorisch etc. schon lange erforscht wird, dringt langsam in das Bewusstsein und die Sprache der Gesellschaft durch. Doch junge Menschen, die ihre Identität in dieser Vielfalt finden, stoßen viel zu oft noch auf Unverständnis und werden Zielscheibe von Spott.[26]

Spätestens wenn Konfis oder Teamer*innen anfangen zu tuscheln, sich lustig zu machen oder zu mobben, ist das Einschreiten der Leitung gefragt, mit Aufklärung und mit Diskussionen.

Für alle ist es wertvoll,

- zu verinnerlichen, dass Vielfalt der Identitäten zum Leben dazugehört und diese positiv zu bewerten ist,
- den Jugendlichen zuzutrauen, dass sie manchmal viel toleranter als die Verantwortlichen sind,
- diskriminierende sowie trans- und homofeindliche Äußerungen in Konfi-Gruppen und Teams sofort anzusprechen,

- einen Umgang miteinander einzuüben, der Jugendlichen mit Diskriminierungs- und Marginalisierungserfahrungen schützt und stärkt,
- sich selbst und anderen Fehler zuzugestehen und darüber zu reden,
- deutlich zu machen, dass (entgegen häufiger Vorstellungen) viele christliche Kirchen, Gemeinden überhaupt nichts gegen LGBTQ+ haben.
- Methoden und Materialien auf Vielfalt zu überprüfen (siehe Kap 4.5: Konfi-Zeit inklusiv gestalten).

Mehr lesen

- Landesjugendring Niedersachsen e.V.: Juleica Praxisbuch Q*. Queere Vielfalt in der Jugendarbeit, Hannover 2019, Abrufdatum: 6.10.2022. Die Broschüre kann bestellt werden oder steht als kostenloser Download auf der Internetseite www.ljr.de
- Deutsches Jugendinstitut (Hg.): Jung und queer. DJI Impulse 2/18, Abrufdatum: 12.10.2022, www.dji.de

4.8 Konflikte und »Störungen«

Wer mit Jugendlichen arbeitet, merkt: Es läuft oft anders, als man denkt und geplant hat. Da bricht plötzlich etwas aus den Konfis heraus in Form von Lachkrämpfen oder Aggression, verändern sich plötzlich bestehende Freundschaften oder Cliquen, werden Grenzen überschritten, einzelne Konfis ausgelacht oder gemobbt und »schwierige« Konfis schreien nach Aufmerksamkeit. Das alles ist im jugendlichen Leben so groß und wichtiger als die vorbereitete Konfi-Einheit, dass ein üblicher und geplanter Verlauf nicht immer rund läuft. Niemals kann man alle möglichen Situationen vorher durchspielen und es gibt nicht für alles eine einfache Lösung. Wir möchten sensibilisieren für

- eine eigene grundoffene Haltung bei den Leitungspersonen, die beispielgebend für ein christliches Miteinander in der Konfi-Gruppe und in der Gemeinde ist,
- ein Problembewusstsein und eine feine Wahrnehmung für das, was an Herausforderungen entstehen kann, damit sie nicht Angst machen,
- Reflexionen und Weiterentwicklung der eigenen Konfi-Arbeit
- sowie eine klare Haltung gegenüber allen Beteiligten.

Ein ressourcen- und lösungsorientierter Umgang mit Konflikten hilft, diese Situationen anders aufzugreifen, als es die Jugendlichen beispielsweise in der Schule oder im Sportverein erleben.

4.8.1 Grenzen setzen und Spielräume eröffnen

Grenzen setzen ...

Von Beginn der Konfi-Zeit an werden Grenzen und Spielregeln etabliert, damit bestimmte Konflikte gar nicht erst entstehen. Das fängt bei der Anmeldung an, bei der mit Konfis und deren Elternteilen transparente Absprachen getroffen werden. Sehr wichtig allerdings sind die Regeln in der ersten Phase der Zusammenkünfte (siehe Kap 4.2: Gruppenphasen). Es ist hilfreich, sich (im Pfarrteam, im Konfi-Team, im Kirchengemeinderat ...) über die geltenden Rahmenbedingungen abzusprechen, welche Regeln gelten und was geschieht, wenn sie nicht eingehalten werden. Die Regeln und mögliche Konsequenzen werden kommuniziert, selbst eingehalten und ggf. umgesetzt.

Mit dieser Transparenz wird das Bewusstsein aller Beteiligten dafür geschärft, dass ein Miteinander in einer Gruppe Regeln unterliegt, gegenseitigen Respekt und Gerechtigkeit im Sinne von einer Gleichbehandlung benötigt. Diese Klarheit verhindert, dass im akuten Konfliktfall vorschnell ungerecht gehandelt wird oder sich durch ungleiche Behandlung ein gruppenfeindliches Klima einschleicht. Wenn sich bei einzelnen Konfis eine Auffälligkeit anbahnt, wird rechtzeitig mit den Konfis selbst oder mit Eltern gesprochen. Es kann sein, dass sich hinter dem Verhalten eine Not verbirgt, dass ein*e Konfi Aufmerksamkeit bedarf oder dass die Ursachen in der Konfi-Zeit liegen. Gemeinsam können alle die Ursachen besprechen und Lösungen finden.

Allgemeine Rahmenbedingungen:

- Wie wird mit Fehlzeiten umgegangen? Gibt es eine einleuchtende Grenze, die nicht überschritten werden soll (10 %, 20 % oder 30 % …)?
- Welches Fehlen gilt als »entschuldigt« (Krankheit, Klassenfahrt, Handballspiel, Wochenend-Besuch bei dem anderen Elternteil, Omas 67. Geburtstag, …)?
- Was ist, wenn ein*e Konfi zwar regelmäßig zur Konfi-Zeit erscheint, doch keine Sonder-Projekte, Konfi-Fahrten usw. mitmacht?
- Welche Vereinbarungen werden für Gottesdienstbesuche getroffen? Welche Gottesdienste werden angeboten (Jugendgottesdienste, Agendarische Gottesdienste, Amtshandlungen …), gehen alle gemeinsam, werden besondere Experimente damit verbunden, werden Gottesdienste gemeinsam vorbereitet? Wie wird motiviert, Gottesdienste kennen zu lernen und zu feiern?
- Wie werden die gesetzlichen Regeln zum Umgang mit Rauchen und Alkoholz.B. während einer Konfi-Fahrt verdeutlicht und umgesetzt (siehe Kap 15.1: Jugendschutzgesetz)?

Möglicher Umgang bei Überschreitungen der allgemeinen Rahmenbedingungen:

- Wer rechtzeitig über alle Termine während der Konfi-Zeit informiert (z.B. Wochenend-Fahrten, gemeinsame Gottesdienste) und daran erinnert, macht es allen Beteiligten leichter, die Zeiten zu planen. Und wer rechtzeitig Bus und Unterkunft für das Camp bucht, muss nicht plötzlich umdisponieren und Terminverschiebungen bekanntgeben.
- Gemeinsam mit den Konfis werden die allgemeinen Regeln zusammengetragen und von der Leitung ergänzt – schließlich ist die Teilnahme an der Konfi-Zeit freiwillig (niemand muss sich konfirmieren lassen). Die Leitung verdeutlicht, dass für die Gruppe und das Gesamtgeschehen jede*r Einzelne dazugehört. Wie beim Fußballtraining oder einer Chorprobe wächst eine Gruppe zusammen, wenn sich die Einzelnen an die Regeln halten. Wenn die Konfi-Zeit so schön gestaltet ist, dass alle gerne kommen, entsteht eine positive Zugkraft.
- Wenn ein*e Konfi ohne Nachricht vonseiten der Erziehungsberechtigten fernbleibt oder auffallend oft fehlt, ruft die Leitung auf jeden Fall an. Manchmal ringt man um Einzelne, manchmal stecken die Lebensumstände hinter einem Verhalten, manchmal verabschiedet sich jemand aus der Gruppe. Allein, dass man sich kümmert und nachfragt, signalisiert: »Ich achte auf dich.«
- Wie wird damit umgegangen, wenn jemand »zu oft« der gemeinsamen Zeit fernbleibt (außer bei Krankheit und schulisch zwingenden Terminen)? Und wie wird das Ungleichgewicht (die »Ungerechtigkeit«) überzeugend wieder ins Lot gebracht? Z.B. hilft ein*e Konfi bei einem Projekt verantwortlich mit oder setzt sich individuell mit dem Thema auseinander und bereitet einen kreativen Input für die Konfi-Zeit vor. Entscheidend

ist, dass er*sie durch die Konsequenzen nicht zum Opfer von Spott wird oder sie als Strafe erlebt, sondern erfährt, dass durch Engagement Situationen positiv verändert werden können.

Besonderer Konfliktfall: Gibt es Umstände (z.B. dauerhaftes Fernbleiben) oder Verhaltensweisen (z.B. Gewalt gegenüber Mitkonfis), die zu einem Ausschluss aus der Gruppe oder der gesamten Konfi-Zeit führen mit der Konsequenz, dass die Konfirmation aufgeschoben wird? Das ist eine absolute Ausnahme. Das Vorgehen wird von den Konfi-Ordnungen der jeweiligen Landeskirche geregelt.

Gesprächsregeln und Umgang in der Gruppe:

- Wie ist der Umgang mit Pünktlichkeit zu den Gruppenzeiten, was geschieht bei Verspätungen?
- Sind Handys in der Konfi-Einheit erlaubt (abgesehen von beabsichtigtem Methodeneinsatz)?
- (Wann) ist Essen in der Konfi-Einheit erlaubt?
- Wie sieht es aus bei Unterbrechen, Dazwischen-Quatschen, Auslachen o.Ä.?
- Was geschieht bei Gewalt (offene körperliche oder verbale Gewalt, Grenzüberschreitungen, sexualisierte Gewalt)?

Möglicher Umgang mit Regel-Überschreitungen innerhalb der Gruppe:

- Vorsicht bei Disziplinarmaßnahmen wie »Vor-die Tür-stellen« oder »Nach-Hause-schicken«. Zum einen sind solche Maßnahmen demütigend, zum anderen droht eine Aufsichtspflichtsverletzung. Was helfen kann: Alle gehen für 5 Minuten an die frische Luft, ein*e Teamer*in geht mit raus und läuft einmal mit ums Gelände; ein Energizer/Tobespiel lässt die überschüssige Energie raus, ein Methodenwechsel folgt. Je vertrauensvoller der

Umgang in der Gruppe ist, desto humorvoller und origineller kann in solchen Situationen agiert werden.

- Gesprächsregeln werden in der Gruppe entwickelt (die Konfis kommen von selbst auf entscheidende Regeln, z.B. sich ausreden lassen, andere Meinungen akzeptieren, niemanden auslachen, …). Diese werden auf dickes Papier geschrieben und aufgehängt oder auf Karten festgehalten und in eine Schatzkiste gelegt. Gemeinsam wird eingeübt, untereinander für Einhaltung sorgen. Z.B. können jedes Mal zwei Konfis rule-judges sein und mit einer Tröte den Prozess unterbrechen, sobald jemand bösartig ausgelacht wird.
- Bei Unterbrechungen aufgrund von Dauerstörverhalten (siehe Kap 4.8.2: Störungen) wird natürlich mit der Person und in der Gruppe das Verhalten angesprochen. Die Konfi-Einheit wird dennoch zu einem runden Abschluss gebracht – der Gruppenprozess verlängert also evtl. die Konfi-Zeit an dem Tag.
- Wer jemandem etwas Grenzüberschreitendes antut, muss soziale Kompetenzen erwerben. Mit der Person wird besprochen, wie sie ihre Tat wieder zurechtrückt. Vielleicht möchte sie sich entschuldigen, ein Gespräch führen, von eigener Verletzung sprechen o.Ä. Vor allem sagt die verletzte Person, was ihr hilft.

Besonderer Konfliktfall: Wenn die Leitung zu grenzverletzendem, beleidigendem, herabwürdigendem Verhalten schweigt, gilt es als akzeptiert! Darum: aufmerksam wahrnehmen, ansprechen und in der Gruppe thematisieren. Bei gehäuftem Vorkommen mit dem*der entsprechenden Konfi und ggf. deren Eltern sprechen.

… und Spielräume eröffnen

Innerhalb des erarbeiteten Rahmens werden den Konfis möglichst viele Spielräume gelassen. Selbstbildung, Sport oder Spiel funktionieren nur, wenn alle die Grund-Regeln einhalten, und machen nur Spaß, wenn Prozess und Ausgang offen sind. Ebenso ist es bei der einzelnen Konfi-Einheit und im gesamten Konfi-Zeit-Geschehen. Eine durchregulierte Zeit macht wenig Lust und schränkt Einfallsreichtum und Eigeninitiative ein. Wer sich innerhalb von Spielregeln ausprobieren kann, ist wesentlich motivierter.

Spielräume schaffen wir, indem wir

- Lebensthemen der Konfis als Ausgangspunkt für die einzelnen Einheiten aufgreifen und die Konfis ernst nehmen darin, dass sie die Expert*innen für ihre Themen und Fragen sind,
- Fragen und Meinungen der Konfis mehr Raum geben als unserem Wissen,
- Eigeninitiative und Ideen zur Gestaltung fördern (siehe Kap 10: Kreative Methoden),
- abwechslungsreiche Methoden anbieten, in denen alle beteiligt sind, alle Sinne einbezogen werden (denken, gucken, hören, fühlen, handeln, gestalten) und die Unterschiedlichkeit der Konfis bedacht wird,
- die Stärken der einzelnen Persönlichkeiten fördern und einbringen lassen,
- Konfis mitentscheiden lassen bei der Methodenwahl (Filmclip drehen oder Collage erstellen),
- Kleingruppen etwas erarbeiten lassen ohne Vorgabe und ohne Kontrolle,
- Konfis z. B. über Ausflugsziele, Projekte, das Thema des Vorstellungs-Gottesdienstes entscheiden lassen,
- die Gruppe eigene Rituale finden lassen.

4.8.2 »Störungen« im Verlauf einer Konfi-Einheit

Vorweg: »Störungen« des geplanten Programms und Ablaufs sind evtl. Störungen in meiner Planung. Die Frage ist: Wer stört hier wen? Fühle ich mich als Leitung davon gestört, dass Konfis nicht zuhören, dazwischenquatschen, miteinander herumalbern und mit dem Handy spielen? Dann frage ich mich, warum es mich eigentlich stört. Ist es schlimm oder kann ich diese Unterbrechungen (zeitlich) mit einplanen, weil sie normal sind? Oder fühlen sich andersherum Konfis in ihrer Persönlichkeitsentwicklung gestört, wenn sie aus ihrer Sicht ganz normale Dinge nicht tun dürfen? Wenn meine Methoden zu gymnasialorientiert sind, wenn ich lange Vorträge halte, wenn meine Themen nichts mit den Konfis zu tun haben, wenn jedes Mal derselbe Ablauf kommt, darf ich mich nicht wundern, wenn sich die Jugendlichen langweilen, sich leicht ablenken lassen und mit anderen Dingen beschäftigen. Die Konfi-Zeit gelingt am ehesten (für alle Beteiligten!), wenn ich meine Ziele, Themen und Erwartungen mit den (alterstypischen) Interessen der Konfis in Verbindung bringe durch Nachfragen bei den Konfis und mit handlungsorientiertem Arbeiten an für sie lebensrelevanten Themen.

Und dennoch: Wenn ich all das beherzige und eine abwechslungsreiche, überraschende, lebensnahe, spaßige, jugendgemäße Konfi-Zeit anbiete – Störungen wird es immer geben. Sie können an der Leitungsperson, an der Atmosphäre im Raum, an der Uhrzeit nach einem stressigen Schultag, an familiärer Belastung, am Pubertätsalter, an aktuellen Situationen, am Thema, an der Gruppendynamik, an der Methode, an allem Möglichen liegen. Wenn es allerdings ganz schlimm kommt, können »Störungen« die Leitung richtig durcheinanderbringen und verzweifeln lassen, wenn das, was geplant ist, nicht läuft, wie erwartet.

Zur Entlastung der Leitung sei gesagt:

- Konfi-Arbeit (und das ganze Leben) ist vielschichtig – da ist es völlig normal, dass eigene Dynamiken entstehen.
- Es liegt nicht alles an mir. Ich brauche es nicht als Angriff auf meine Person auffassen, wenn jemand mir nicht zuhört.
- Was ich als Störung empfinde, ist vielleicht in der Konfi-Familie ein üblicher Umgang.
- Wer stört, ist nicht ›böse‹, sondern macht etwas, das für ihn*sie gerade wichtig ist und einen inneren Sinn ergibt oder unbewusst aus ihr*ihm heraus muss.
- Ich bin nicht allein: Wenn ich nicht weiterweiß, rufe ich jemanden an, z.B. die Kolleg*innen in der Nachbargemeinde, die Konfi-Beauftragte des Dekanats, eine*n Freund*in.

Zum Verständnis und Umgang mit Störungen:

- Wenn eine Situation zu nervig wird und die anderen Konfis in ihrem Tun gehindert werden, wird der Prozess unterbrochen und mit der Konfi-Gruppe eine Lösung gesucht (siehe Kap 5.6: Klassische Kommunikationsregeln).
- Man muss nicht jede Störung besprechen, manche erledigt sich von selbst.
- Wenn Einzelne beschämt, herabgewürdigt oder ausgegrenzt werden, ist eine Grenze überschritten. Dann müssen wir sie schützen, das beenden und alle einbeziehen.
- Eine Störung enthält eine Botschaft, entweder über den Sender (»Ich finde es spannender, mit Jana zu flirten« oder: »Ich habe heute schlechte Laune«) oder über das System/das Setting (»Das hatten wir schon letzte Woche« oder: »Das hat nichts mit mir

zu tun«). Am besten ist, Konfis danach zu fragen. Eine Blitzlicht-Runde zu Beginn hilft, die Gedanken und Gefühle auszudrücken und als Leitung Verständnis zu zeigen.

- Oft ereignet sich eine Störung genau zu dem Thema, das gerade erforscht wird. Als Leitung ist es meine Aufgabe zu differenzieren, warum und wozu das Verhalten sich äußert (»Das Thema kommt mir zu nahe« oder: »Ich agiere gerade genauso wie die Person in der Geschichte« oder: »Ich bin so eine Situation nicht gewohnt«).
- Allein durch die Beachtung der unterschiedlichen Rollen in den verschiedenen Gruppenphasen und die angemessene Leitungsreaktion darauf, entstehen manche Konflikte gar nicht erst (siehe Kap 4.2: Gruppenphasen und 4.3: Rollen in Gruppen).

In Konfliktsituationen eignen sich Fragerunden mit allen (siehe Kap 5.4: Das Modell der gewaltfreien Kommunikation):

- Wie nimmst du wahr, was hier gerade passiert?
- Was brauchst du, damit es für dich in der Gruppe gut ist?
- Was wünschst du dir von den anderen?
- Was bist du selbst bereit, für eine Lösung zu tun?

Mehr lesen

- Franke, Rainer: Störungen verstehen und nutzen, in: Ebinger, Thomas u.a., Handbuch, S. 217-225

5 MITEINANDER IM GESPRÄCH: KOMMUNIKATION

5.1 Grundlagen für wertschätzende Kommunikation

Kommunikation ist eine häufige Ursache für Missverständnisse, Störungen oder Konflikte. Da ist es gut, wenn die Gruppenleitung einerseits selbst ein Vorbild für gelingende und wertschätzende Kommunikation ist und andererseits bei der Gruppe darauf achtet, dass die Mitglieder in akzeptierender Weise miteinander reden, aufeinander hören, einander zu Wort kommen lassen und sich gegenseitig zeigen: »Du bist es mir wert, dass ich dir zuhöre.« Dahinter steckt das christliche Menschenbild, einander anzunehmen, wie wir sind, und dass jeder Mensch gleich wertvoll ist, egal wie unterschiedlich Gott uns alle geschaffen hat. Dadurch zeigen wir unserer Konfi-Gruppe eine einander würdigende Gesprächskultur. Die Leitung einer Konfi-Gruppe vermittelt dabei keine Fortbildung in Kommunikation. Es geht nicht darum, den Jugendlichen grundlegende Kommunikationsmodelle beizubringen. Vielmehr geht es um die Haltung der Leitungsperson(en). Durch Kenntnis von Kommunikationstheorie und -modellen kann die Leitung Feingefühl entwickeln für Missverständnisse, aggressive oder missachtende Sprache erkennen und alternative Vorschläge machen, durch gezieltes Nachfragen die Schärfe aus erniedrigender Rückmeldung nehmen usw.

Dafür ist es am einfachsten, von Beginn an (siehe Kap 4.2: Gruppenphasen) eine bestimmte Gesprächskultur zu ritualisieren und Gesprächsregeln einzuführen, die auf gegenseitigem Zuhören und auf Achtung basieren.

Zu Beginn der Konfi-Zeit werden gemeinsam mit Konfis Regeln für den respektvollen Umgang miteinander erarbeitet (siehe Kap 4.8.1: Grenzen setzen und Spielräume eröffnen), denn eine Gruppe wird am ehesten Regeln befolgen, wenn sie sie sich selbst gegeben hat. Eigene (schlechte) Kommunikations-Erfahrungen der Konfis kommen in dem Prozess zum Ausdruck und können besprochen werden.

Darin wird z.B. vereinbart:

- Wir lassen einander ausreden,
- wir lassen andere Meinungen gelten,
- wir benutzen keine Schimpfwörter (sensibilisieren für Jugendkultursprache wie »Digger«).

Die folgenden Grundlagen der Kommunikationstheorie haben sich bewährt und sind für Gruppenleiter*innen nützlich zu kennen und zu verinnerlichen. Sie helfen Gruppen (bzw. der Leitung im Hintergrund) dabei, eigene Regeln für ein gutes Miteinander zu entwickeln und zu verabreden. Die Goldene Regel (Mt 7,12) stellt diesen Umgang in einen Zusammenhang und schafft ein Bewusstsein dafür, was christliches Miteinander bedeutet. Die Konfi-Gruppe kann darin ein Beispiel sein für nachhaltige Umgangsformen.

5.2 Das Kommunikationsquadrat

Das Kommunikationsquadrat[27] (»Vier-Ohren-Modell«, »Nachrichtenquadrat«) von Friedemann Schulz von Thun (*1944, deutscher Kommunikationspsychologe) geht von folgender Grundannahme aus: Wenn ich als Mensch etwas von mir gebe, bin ich auf vierfache Weise wirksam, d.h. jede meiner Äußerungen enthält, ob ich will oder nicht, vier Botschaften gleichzeitig:

- eine Sachinformation – worüber ich informiere,
- eine Selbstkundgabe – was ich von mir zu erkennen gebe,
- einen Beziehungshinweis – was ich von dir halte und wie ich zu dir stehe,
- einen Appell – was ich bei dir erreichen möchte.

Ausgehend von dieser Erkenntnis hat Schulz von Thun 1981 diese vier Seiten einer Äußerung als Quadrat dargestellt. Die Äußerung entstammt dabei den »vier Schnäbeln« des Senders und trifft auf die »vier Ohren« des Empfängers. Im Folgenden bleiben wir in der Darstellung dieses Modells bei den männlichen Begriffen »Sender« und »Empfänger«, weil Friedemann Schulz von Thun in seinen Büchern aus den 1980er-Jahren auf diese Weise formuliert hat und diese Bezeichnungen durch sein Institut heute noch so veröffentlicht werden.

Die vier Ebenen der Kommunikation

Auf der *Sachebene* des Gesprächs steht die Sachinformation im Vordergrund, hier geht es um Daten, Fakten und Sachverhalte. Dabei gelten drei Kriterien:

- *Wahrheit*: Ist die Aussage wahr oder unwahr?
- *Relevanz*: Ist die Aussage für das anstehende Thema von Belang oder nicht von Belang?

- *Hinlänglichkeit:* Sind die Sachhinweise ausreichend oder fehlt noch eine Information?

Die Herausforderung für den Sender besteht darin, den Sachverhalt verständlich auszudrücken. Der Empfänger kann auf dem Sach-Ohr den drei Kriterien entsprechend reagieren.

Für die *Selbstkundgabe* gilt: Wenn jemand etwas mitteilt, gibt er zugleich etwas von sich preis.

Jede Äußerung enthält gewollt oder unfreiwillig eine Kostprobe der Persönlichkeit (Gefühle, Werte, Eigenarten, Bedürfnisse). Dies kann explizit (in einer Ich-Botschaft) oder implizit geschehen. Während der Sender mit dem Selbstkundgabe-Schnabel implizit oder explizit, bewusst oder unbewusst Informationen über sich preisgibt, nimmt der Empfänger diese mit dem Selbstkundgabe-Ohr auf: Was ist das für einer? Wie ist er gestimmt? Was ist mit ihm?

Auf der *Beziehungsseite* gebe ich in einem Gespräch zu erkennen, wie ich zu meinem Gegenüber stehe und was ich von ihm halte. Diese Beziehungshinweise werden durch Formulierung, Tonfall, Mimik und Gestik vermittelt. Der Sender transportiert diese Hinweise implizit oder explizit. Der Empfänger fühlt sich durch die auf dem Beziehungsohr eingehenden Informationen wertgeschätzt oder abgelehnt, missachtet oder geachtet, respektiert oder gedemütigt.

Auf der *Appellseite* geschieht eine Einflussnahme auf den Empfänger. Wer etwas sagt, möchte in der Regel etwas erreichen. Er äußert Wünsche, Appelle, Ratschläge oder Handlungsanweisungen. Die Appelle werden offen oder verdeckt gesandt. Mit dem Appell-Ohr fragt sich der Empfänger: Was soll ich jetzt machen, denken oder fühlen?

Für die Leitung einer Konfi-Gruppe empfiehlt es sich, auf die Ebenen in der Kommunikation mit der und innerhalb der Gruppe zu achten und sie ggf. durch Nachfragen zu entschlüsseln, um Missverständnisse zu vermeiden. Am besten ist natürlich, eine Botschaft so zu formulieren, dass der*die andere sie gar nicht erst anders als gemeint auffassen kann.

Beispiele:

- Die Leitung sagt zu eine*r Teamer*in: »Die Scheren fehlen.« Das ist wortwörtlich zunächst eine Sachinformation, auf die der*die Teamer*in mit »Ja, stimmt!« antworten könnte. Doch die Aussage kann leicht nach einem Appell klingen (»Hol die Scheren!«) oder gar nach einem Vorwurf (»Du hast etwas vergessen!«). Das Teammitglied könnte die Aussage als Handlungsanweisung auffassen und sich unfreundlich ermahnt fühlen. Dadurch kann ein Ungleichgewicht zwischen den beiden oder eine Missstimmung entstehen. Besser ist, gleich so zu formulieren, dass die anderen wissen, wie es gemeint ist, z.B. »Oh Mist, ich habe ganz vergessen, die Scheren zu holen« (= Selbstaussage), oder: »Ich sehe gerade, dass wir noch keine Scheren bereit haben. Ich baue hier schon mal den Tisch auf, könntest du bitte die Scheren aus dem Schrank holen?« (= freundlicher Appell).
  Wenn Konfis merken, dass die Leitung und das Team achtsam miteinander kommunizieren, erleben sie eine gute Atmosphäre und gute Beispiele.
- Konfi A sagt zu Konfi B: »Ey, du machst dich voll breit!« Die Selbstkundgebung könnte sein: »Ich fühle mich bedrängt, ich mag diesen engen Körperkontakt nicht.« Der Appell dahinter könnte sein: »Ich möchte dich bitten, mehr Abstand zu halten, mir nicht so nahezukommen.« Die Leitung könnte hinterfragen, was dahintersteckt: »A, kannst du bitte sagen, warum du nicht

möchtest, dass B so nahe bei dir sitzt? Was ist dein Gefühl dabei? Kannst du B bitte sagen, was du von ihm*ihr möchtest?«

Auf diese Weise erleben Konfis von Beginn an, dass es hier darum geht, ehrlich von sich zu sprechen, dass alle Gefühle erlaubt sind und dass es möglich ist, Sprache so zu benutzen, dass sie unmissverständlich ist und andere nicht verletzt.

Mehr lesen

- Schulz von Thun, Friedemann: Miteinander reden (Bd 1-3), Reinbek (1981), Sonderausgabe 2005
- Schulz von Thun Institut für Kommunikation, Abrufdatum: 12.10. 2022, https://www.schulz-von-thun.de/

5.3 Ich-Botschaften

Der Begriff »Ich-Botschaft« geht auf den amerikanischen Psychologen und Familientherapeuten Thomas Gordon (1918-2002) zurück, der diese sowie das »Aktive Zuhören« (siehe Kap 5.5) als Grundlage der wertschätzenden Kommunikation benannte. Ich-Botschaften präzisieren im Vier-Ohren-Modell von Schulz von Thun die Ebene der Selbstkundgabe. Ich-Botschaften, Selbstoffenbarungen, sind wertfreie Äußerungen, die die eigene Meinung und die eigenen Gefühle mitteilen, anstatt dem Gegenüber einen Vorwurf zu machen.

Eine »Ich- Botschaft« besteht aus mehreren Aspekten:

- *Sachliche Aussage*: Die Situation (Auslöser) wird beschrieben, die Grund für die Kritik ist, damit sich der*die andere die Situation bildhaft vorstellen kann.

- *Gefühle offenbaren*: Eigene Gefühle werden geäußert, die sich auf eine konkrete Situation oder Verhalten des anderen beziehen.
- *Auswirkungen*: Dem Gegenüber werden die Auswirkungen seines Verhaltens oder eine Bitte mitgeteilt.

In der Ich-Form vorgebracht, werden geäußerte Gefühlsstimmungen nicht zur verletzenden Kritik an der anderen Person, wie es oft bei Du-Botschaften (z.B. »Du lügst immer!«) der Fall ist. Die Ich-Botschaft zeigt, dass die sprechende Person ein Problem hat, nicht die andere. Formulierungen mit »man« oder »wir« beziehen andere ungefragt mit ein und bauen damit ungewollt Blockaden auf. Das Benutzen von bestimmten Worten wie z.B. »wieder« oder »immer« wird in einer Ich-Botschaft vermieden. Bei diesen Wörtern handelt es sich um Killerphrasen. Sie greifen den Empfänger an.

Beispiel: Anstelle von »Schrei nicht immer so rum!« sagt die Leitung zu Konfi: »Wenn du laut bist, kann ich die anderen nicht verstehen und das möchte ich aber wirklich.«

Vorteile von Ich-Botschaften:

- *Partnerschaftlicher Umgang*: Teilt eine Person dem Gegenüber die eigenen Gefühle mit, zeigt sie die eigene Verletzlichkeit. Damit lassen sich Abwehrreaktionen vermeiden. Sie stellt sich nicht als gebieterischer Tyrann dar, sondern als Mensch mit Gefühlen und Anliegen.
- *Verstehen*: Die konkrete Situation wird benannt, damit die andere Person weiß, worum es geht. Jemandem zu sagen, dass er sich generell unzuverlässig verhält, wirkt pauschal abwertend. Besser wäre es zu erwähnen, dass man bereits zweimal vergebens auf ihn gewartet habe.
- *Schutz der Interessen*: Wer die Wirkungen problematischer Verhaltensweisen des anderen auf sich selbst benennt, lässt das

Gegenüber die eigenen Befürchtungen (oder den Schaden) erkennen, sodass er weiß, was er beim nächsten Mal anders machen kann.

- *Akzeptanz und Vertrauen:* Ich-Botschaften regen andere Menschen an, ebenfalls Ich-Botschaften zu verwenden. Damit entsteht eine Situation der Offenheit und des Vertrauens. Solche »Selbstoffenbarungen« können nach längerem Streit heilsam wirken.
- *Entschärfen und Öffnen:* Ich-Botschaften entschärfen selbst festgefahrene Situationen. Sie deeskalieren, anstatt zu konfrontieren. Sie können eingesetzt werden, um einen Streit zu beenden. Ich-Botschaften öffnen die Situation. Sie machen es dem anderen leichter, nachzugeben und einzulenken.

Beachten: Nicht jeder Satz, der mit »Ich« beginnt, ist eine echte Ich-Botschaft. Manche Ich-Botschaft ist keine, sondern ein Vorwurf, eine Beschuldigung, ein Urteil, eine Du-Botschaft: »Ich finde, du bist faul« ist gleich »Du bist faul«. Echte Ich-Botschaften sprechen wirklich nur von eigenen Gefühlen und Erfordernissen, z.B.:

- Ich fühle mich nicht ernst genommen, wenn du mir nicht zuhörst.
- Ich wünsche mir, dass wir miteinander ehrlich sind.
- Mir ist wichtig, dass die Gruppe zusammenhält.

Mehr lesen

- Gordon, Thomas: Die Familienkonferenz, München 1989, S. 126-131

5.4 Das Modell der Gewaltfreien Kommunikation

Dieses Modell von Marshall B. Rosenberg[28] (1934-2015, amerikanischer Psychologe und Mediator) wurde entwickelt zur Deeskalation und Konfliktlösung und ist im Grunde ein ausführliches Ich-Botschafts-Modell.

- Ich bin okay, du bist okay. Ich möchte verstanden werden, du möchtest verstanden werden.
- Die Sprache des Vertrauens: Ich frage, wie es dir bzw. mir geht, anstatt zu sagen, was mit dir nicht stimmt.

Gewaltfrei kommunizieren lernen ist eine Schlüsselkompetenz für menschliche Beziehungen und soziales Miteinander (in Nächstenliebe). Mit den gewonnenen Fähigkeiten können wir Unstimmigkeiten vermeiden und bestehende Konflikte lösen, ohne dass es Gewinner und Verlierer gibt.

Wenn wir in diesem Sinne reden, lernen wir,

- Situationen ohne Bewertung und Deutung zu beobachten (siehe Kap 12.2: Präsentationsformen und Auswertung),
- unsere Gefühle auszudrücken, ohne anderen dabei einen Vorwurf zu machen,
- unsere eigenen Bedürfnisse zu erkennen und zu nennen und
- Bitten konkret und handlungsorientiert zu formulieren.

Die vier Schritte der Gewaltfreien Kommunikation (GfK) sind: Beobachtung, Gefühl, Bedürfnis und Bitte.

Beobachtung

- Beschreiben, was ich wahrnehme, Fakten nennen, auf konkrete Situation beziehen, keine Bewertung oder Interpretation.
- Beispiel: *»Ich habe beobachtet,* dass du heute und bei den letzten beiden Malen 15 Minuten zu spät gekommen bist.« (Anstelle von: »Oh Mann, du bist ja schon wieder zu spät!«)

Gefühl

- Meine emotionale (evtl. körperlich wahrnehmbare) Reaktion (ohne Vorwurf) ausdrücken.
- Beispiel: *»Ich merke, dass ich mich dadurch* verunsichert *fühle / ich fühle mich* nicht beachtet *mit dem, was ich für die Gruppe vorbereitet habe …«* (Anstelle von: »Du nervst!«)

Bedürfnis

- Mein Bedürfnis nach einer menschlichen Grund-Qualität nennen, die jeder gerne hätte und die nicht erfüllt wurde (z.B. Sicherheit, Kontakt, Anerkennung, Verständnis).
- Beispiel: *»Mir ist es wichtig, dass wir alle unsere* gemeinsamen *Gruppenregeln ernst nehmen, und dazu gehört für mich, dass alle pünktlich sind.«*

Bitte

- Eine (erfüllbare) Bitte um eine konkrete Handlung aussprechen, positiv formulieren, sagen, was man möchte (ohne Forderung). Um sie möglichst erfüllbar zu machen, bezieht sie sich auf Handlungen im Jetzt und nicht auf Zustände, z.B. »sei respektvoll«, oder auf Ereignisse in der Zukunft. Bitten sollten in einer »positiven Handlungssprache« formuliert werden nach dem Motto: »Sag, was du willst, anstatt was du nicht willst.«

Beispiel: »*Ich wünsche mir,* dass du nächste Woche rechtzeitig da bist«, anstelle von: »Nächstes Mal kommst du gefälligst pünktlich oder du fliegst raus!«

Durch Nachfragen unterstützt die Leitung die Konfis, so zu formulieren, dass die Situation sich entschärft, z.B.:

Konfi A: »Das finde ich voll bescheuert, was B sagt.«

Leitung: »Hey, wenn dich das ärgert, was B sagt, erzähle ihm doch, warum! Wie fühlst du dich dabei? Was wünschst du dir von B?«

Auf diese Weise zu reden lässt das Gegenüber gar nicht gleich in eine rechtfertigende Abwehrhaltung oder einen Gegenangriff kommen, sondern ermöglicht ein weiterführendes Gespräch. Wenn es uns gelingt, Konfis solche Sprache durch eigenes Vorbild, durch stetes Tun und Animieren durch Nachfragen zu vermitteln, haben wir viel für die Sozialkompetenz aller getan und gleichzeitig in der Gruppe ein positives Miteinander entwickelt. Das schließt ein, dass man herzhaft miteinander lacht, sich mal veräppelt und flapsige Sprüche bringt.

5.5 Aktives empathisches Zuhören

Aktives Zuhören ist eine Gesprächsführungstechnik nach Carl Rogers (1902-1987, amerikanischer Psychologe) aus der »Personenzentrierte(n) Gesprächstherapie«. Deren Grundprämisse besteht darin, dass sich ein Mensch durch Akzeptanz und Empathie des Gegenübers verstanden fühlt und lernt, sich selbst zu akzeptieren.

Die Grundhaltung beim Aktiven Zuhören ist:

- Offene, empathische Grundhaltung,
- authentisches, selbstkongruentes Auftreten,
- Akzeptanz und bedingungslose positive Beachtung der anderen Person.

Es gibt »Techniken« des Aktiven Zuhörens (die erst dann vom Gegenüber als authentisch erlebt werden, wenn er sie wirklich als echt und unbemüht erlebt):

Nonverbale Techniken und Methoden

- Nicken (+ »Hmmm«, »Aha« als Bestätigung),
- Augenkontakt (»Ich schaue dich an, nehme dich wahr.«),
- Körpersprachliche Hinwendung des Oberkörpers und des Kopfes (»Ich bin ganz bei dir«),
- Mimik und Gestik der Zuwendung (»Ich bin offen für dich«),
- Evtl. leichte Berührung (»Ich bin dir nahe.«).

Verbale Techniken und Methoden

- *Spiegeln/Paraphrasieren*: Die Aussage wird mit eigenen Worten wiederholt.
- *Verbalisieren von Ungesagtem:* Die Gefühle des Gegenübers erkennen und spiegeln: »Ich vermute, du hast dich darüber geärgert.«
- *Nachfragen*: »Nachdem du dies erlebt hast, wie hat dein Vater reagiert?«
- *Zusammenfassen*: Das Gehörte mit wenigen Worten (kurz) zusammenfassen.
- *Weiterführen*: »Und was passierte dann?«
- *Abwägen*: »War die Belästigung schlimmer als das Weglaufen?«

- *Mäeutisch fragen* (Hebammentechnik), also sich so »erkundigen«, dass die erzählende Person beginnt, sich selbst »zu erkunden«, in sich geht und die eigene Vielfalt und die eigenen Kraftquellen (wieder-)entdeckt und Neues »gebiert«: »Kennst du das, dass du dich im Streit zurückziehst? Machst du das sonst auch? Hast du schon einmal erlebt, dass du dich getraut hast, deine Meinung zu sagen? Was hat dich ermutigt? Was müsste passieren, damit du dich wieder traust?«

In der Konfi-Gruppe ist es vor allem die Aufgabe der Leitung (und je nach Alter und sprachlichen Möglichkeiten der Teamer*innen), beim Aktiven Zuhören echt, empathisch zu wirken. Dabei ist darauf zu achten, dass es nicht wie eine aufgesetzte Methode rüberkommt. Das entlarven Konfis schnell und fühlen sich nicht ernst genommen. Diese Art des Zuhörens zu üben ist mehr eine Grundhaltung als eine Methode und strahlt vor allem Wertschätzung und Respekt aus.

Mehr lesen

- Bay, Rolf H.: Erfolgreiche Gespräche durch aktives Zuhören, Renningen 2006

5.6 Die klassischen Kommunikationsregeln aus der Themenzentrierten Interaktion

Ruth Charlotte Cohn (1912-2010) war die Begründerin der Themenzentrierten Interaktion (TZI) und eine der einflussreichsten Vertreterinnen der humanistischen Psychologie. Ihre Kommunikationsregeln gingen seit den 70er-Jahren in die Gesprächskultur von Gruppen ein:

- *Sei deine eigene Chairperson. Leite dich selbst:* Übernimm Verantwortung für dich selbst. Du darfst selbst bestimmen, wann und was du sagen und worauf du dich selbst einlassen möchtest. Du darfst jederzeit »Nein« sagen.
- *Sprich von dir selbst.* Übernimm Verantwortung für deine Beiträge und sage »ich« statt »man«. Verallgemeinere nicht durch »man sollte« oder »wir alle wollen doch«, verstecke dich nicht hinter einer öffentlichen Meinung.

- *Störungen haben Vorrang.* Unterbrich das Gespräch, wenn du nicht mehr folgen kannst, weil dich etwas anderes beschäftigt (z.B., weil du dich ärgerst, langweilst, etwas nicht verstehst). Teile allen deine Störung mit.
- *Nur eine*r zurzeit redet.* Niemand kann mehr als einer Äußerung gleichzeitig zuhören. Redebeiträge erfolgen nacheinander. Vermeide Seitengespräche und bringe deinen Beitrag direkt in die Gruppe ein, damit sich niemand ausgeschlossen fühlt. Aber: Seitengespräche haben Vorrang, weil sie stören.
- *Persönliche Aussagen sind besser als (unechte) Fragen.* Informationsfragen helfen. Vermeide unechte Fragen, die indirekt Vorwürfe oder Ansprüche stellen und Gegenfragen oder ausweichende Antworten provozieren.
- *Interpretiere nicht das Verhalten anderer.* Interpretationen lösen oft Abwehr aus. Sprich lieber deine persönliche Reaktion (Gefühl, Bedürfnis) aus, sage, was das Gehörte bei dir auslöst, das fördert Interaktion.
- *Sei authentisch in deiner Kommunikation.* Mache dir bewusst, was du denkst und fühlst. Authentisch sein heißt, Kontakt zu eigenen Gefühlen haben und spüren, was ich jetzt benötige, wünsche

oder tun möchte. Entscheide, was du den anderen davon mitteilen magst.

- *Beobachte die nonverbalen Signale bei dir und den anderen.* Körpersprache signalisiert Emotionen sehr deutlich und oft eher, als sie ausgesprochen werden. Auf die Sprache des Körpers zu achten verschafft zusätzliche Informationen.

Mehr lesen

– Ruth-Cohn-Institut: Themenzentrierte Interaktion, Abrufdatum 28.9.2022, https://www.ruth-cohn-institute.org/tzi-konzept.html

6 GLAUBEN UND SPIRITUALITÄT

6.1 Jugendliche und Spiritualität[29]

Fragt man junge Menschen nach ihrem »Glauben«, antworten sie aus ihren Erfahrungen und ihrem Weltbild heraus. Ihre Glaubensinhalte orientieren sich an ihrer Alltagswelt, weniger an dogmatischen Sätzen. Sie nennen z.B. oft Freund*innen, Familie, Glück, Frieden als Grund ihres Vertrauens und Glaubens. Die traditionell-christlichen Inhalte und Bedeutungen sind vielfach kaum oder nur vage bekannt. Kirche als solche verliert immer mehr an Bedeutung, selbst wenn die meisten nach wie vor gut finden, dass es »die Kirche« gibt. Im Gegensatz dazu haben Jugendliche mit Migrationshintergrund oftmals eine viel stärkere Ausrichtung auf ihre Religion.[30]

- Glaube allgemein wird als etwas sehr Persönliches und Wertvolles betrachtet. Da Glauben existenzielle Ängste, Hoffnungen und Überzeugungen umfasst, wird sorgfältig ausgewählt, mit wem man über den eigenen Glauben spricht.
- Wenn die jungen Menschen Symbole aus ihrer Alltagswelt heranziehen, können sie gut ihre Glaubens-Gedanken ausdrücken.
- Die jungen Menschen passen ihre Glaubens- und Gottesvorstellungen individuell und flexibel an ihre Lebenssituationen

an. Widersprüche aus ihrem Erleben, ihrer Entwicklungsphase oder gesellschaftlichen Umbrüchen werden meist integriert.

- Wenn junge Menschen an einen Gott glauben, dann als Zusammenhalt und Garant für Trost und Geborgenheit in ihrem Leben.
- Für die jungen Menschen gehören Glaube und Gemeinschaft zusammen. Finden Jugendliche in der Kirche eine Heimat, wollen sie sich dort engagieren, einen Platz und Anerkennung finden. Eine reine Zugehörigkeit zur Kirche bedeutet ihnen weniger.
- Die Einstellung von Jugendlichen zur Kirche schillert: Einige haben ein positives Bild von Kirche, ohne es mit traditionellen christlichen Inhalten zu füllen. Andere glauben an Gott, ohne ihn in Bezug zu einer Kirche zu setzen. Wiederum andere engagieren sich in der Kirche, ohne einen transzendenten Glauben zu pflegen. Und für wieder andere gehören christlicher Glaube und »die Kirche« untrennbar zusammen.
- Als Kennzeichen für Kirche werden vor allem (die Sonntags-10 Uhr-agendarischen) Gottesdienste gesehen, die von einer überwiegenden Mehrheit eine negative Bewertung bekommen und kaum besucht werden. Allerdings verändert sich die Bewertung, sobald Jugendliche erleben, dass ihre Glaubens-Erfahrungen aufgegriffen werden, ihre Themen vorkommen, die Musik modern, die Sprache verständlich und eine Beteiligung möglich ist.[31]
- In spirituellen Erfahrungen finden viele Jugendliche moralische Orientierung und beginnen oft, sich zu engagieren. Spiritualität und Engagement werden zu ressourcenbildenden, positiven Verhaltensweisen in ihrem Leben.[32]
- Nach all dem, was die Auswertung verschiedener Studien zeigen, ist es kontraproduktiv, Konfis in Gottesdienste zu zwingen,

die ihnen von der Uhrzeit, der Aufmachung, dem Ablauf und dem ganzen Ambiente her nicht entsprechen (und mit Unterschriften-Karten zu kontrollieren). Solche Zwänge unterstützen bei Konfis den Eindruck »Gottesdienst = Kirche = langweilig«. Sie werden es anschließend vermeiden, Gottesdienste zu besuchen. Für Konfis viel überzeugender und sinnstiftender ist es, zusammen Gottesdienste zu gestalten oder gemeinsam in Gottesdienste zu gehen und diese mit besonderen Experimenten zu erforschen.[33]

Für die Konfi-Zeit folgt daraus,

- dass Konfis eigene Glaubensvorstellungen haben, die ihr Leben tragen. Sie sind nicht »glaubens-leer«. Die Annahme, sie müssten mit den »richtigen« Inhalten befüllt werden, führt tendenziell zu einer langweilig gestalteten Konfi-Zeit.
- dass Glaubensgespräche und Glaubenserfahrungen so ermöglicht werden, dass Konfis ihre Erfahrungen und Lebenswelten mit christlichem Gedankengut und Geschichten der Bibel in Beziehung setzen können (sei es positiv, sei es in Abgrenzung, sei es hinterfragend).
- dass Gemeinschaftserlebnisse gefördert werden und die Erfahrung gemacht wird, dass Gottes Geistkraft darin kräftig weht (das wird sehr intensiv erlebt in Großgruppenerlebnissen wie Actionpainting-Events, Poetry-Slam-Nächten, längeren Konfi-Camps, Events mit Straßensozialarbeitenden und Gefängnisseelsorgenden am Rande der Gesellschaft, Ausflügen mit Kunstprojekten, Kletter-Freizeiten usw.)
- dass Spiritualität, Gottesdienste und Andachten mit Konfis so gestaltet werden, dass Konfis animiert werden (durch Aktionen wie Klagemauern, coole Bands, Interviewsessions, Filmprojekte), selber aktiv zu werden, um ihr Leben darin auszudrücken.

6.2 Erfahrungsraum Spiritualität

Natürlich hat niemand je in der Hand, ob und wann Konfis eine Gotteserfahrung machen.

Es können jedoch Rahmenbedingungen angeboten werden, die Konfis unterstützen, sich auf spirituelle Angebote einzulassen. In solchen Zeiten wird die Fähigkeit zur Transzendenz über das eigene Leben hinaus und das Gefühl der Verbundenheit über das Sichtbare hinweg (ein)geübt. Wenn solche Erfahrungen in der Gemeinschaft begeistern, wird der eigene Glaube mit persönlichen Erfahrungen verbunden und als stärkend empfunden.

Atmosphäre

Ob im Dämmerlicht bei Kerzenschein, am Lagerfeuer unterm Sternenhimmel, in einer Jugendkirche mit Band – besondere Orte und Gelegenheiten faszinieren, überraschen, schaffen eindrückliche Erlebnisse. Das kann eine ganz große Inszenierung, ein anderes Mal eine muckelige kleine Form sein. Das ermöglicht, dass die Konfis sich innerlich ausbreiten und sich wohlfühlen: »Du bist gewollt, du bist gemeint, du bist wichtig.«

Raum geben

»Und wer mag, kann eine Kerze anzünden …« – Kerzen, Bilder, Symbole, Stille u.a. lassen jenseits der Worte Platz für eigene Gedanken und Gefühle. Sie können in das Angebotene hineingewebt und in einen größeren Zusammenhang gestellt werden. Vielleicht trauert einer gerade um ein geliebtes Haustier, ist eine gerade verliebt, bangen welche um die morgige Mathearbeit, vielleicht … Den ungenannten Herzensanliegen wird Würde verliehen und vor Gott getragen – von den Konfis selbst.

Beteiligen

Wenn gemeinsam mit Teamer*innen die Konfi-Zeit gestaltet wird, ist es viel einfacher, Andachten und Gottesdienste so zu gestalten, dass sie Konfis ansprechen. Die älteren Jugendlichen wissen um die bedeutsamen Themen und können sie besser ausdrücken oder welche Musik gut ankommt. Konfis orientieren sich leichter an ihnen als an Erwachsenen. Auch wenn nicht (immer) Teamer*innen dabei sind, bleibt es geboten, den kleinen und großen Fragen der Konfis nachzugehen, sind sie doch alle zutiefst menschlich: Was ist Liebe, Freundschaft, Sinn des Lebens, wer bin ich, bin ich gewollt? Es hilft, die Konfis immer mal wieder zu fragen und sie direkt in die Vorbereitung von Gottesdiensten einzubeziehen (siehe Kap 13.2: Gottesdienste und Andachten mit Konfis vorbereiten).

Anschaulichkeit

Ein kaputter Flipflop vom KonfiCamp, ein riesiges Herz zum Zusammenlegen, ein großes Schlüsselbund sind neugierig machende Opener für einen Predigtteil. Ein rotes Sofa für Interviews, eine Perle zum Anfassen, eine Schatzkiste helfen, die innere Auseinandersetzung anzuregen. Solche Elemente verbinden die biblischen Inhalte bzw. Traditionen und heute. Sie bieten verschiedene Bedeutungsebenen, die Inhalte werden nicht einlinig und mit rein gesprochenen Worten vorgegeben. Die Konfis können mit ihren Gedanken das Gottesdienstgeschehen bereichern.

Sprache

Viele liebgewonnene (Glaubens)Formulierungen sind für Konfis unverständlich. Sie können ihr Leben wenig darin bergen. Spürbar aufmerksamer werden Konfis, wenn

- Verantwortliche erzählen, warum sie eine Bibelstelle im Portemonnaie herumtragen, wann sie das Gefühl haben: Gott ist bei mir – wann nicht,
- die Emotionen des Erzählten mit Gestik, Mimik und Tonfall verstärkt werden,
- die Verantwortlichen kurze Sätze, viele Verben, wenig Fremdworte nutzen,
- das direkte Geschehen benannt wird (»Ich merke, ihr werdet unruhig – beschäftigt euch etwas?«; »Tut mir leid, heute springt der Funke wohl nicht über«; »Du siehst so aus, als hättest du eine Frage?«).

Einüben

Gerade zu Beginn der Konfi-Zeit ist das Feiern einer Andacht oder gemeinsames Beten oftmals fremd. Daher kann es geschehen, dass einige Konfis kichern, andere abweisend gucken und manche dauerplaudern. Das ist in Ordnung – schließlich bringen alle das volle pralle Leben mit in die Konfi-Zeit. Um eine positive Grundstimmung zu schaffen, ist Geduld gefragt, um mit Augenzwinkern darauf hinzuweisen, Sätze zu formulieren, die den jungen Menschen deuten, was warum als Nächstes passiert.

Mehr lesen

- Redhead, Irmela: »Hallo, Gott, bist du da?«, in: Haeske, Carsten u.a.: Werkbuch KonfiCamp, S. 130-139.
- Butt, Christian / Niemann, Dieter / Trenn, Olaf: Einfach mal feiern. Außergewöhnliche Ideen für Feste und Feiern mit Konfirmandinnen und Konfirmanden, Göttingen 2021
- Butt, Christian / Trenn, Olaf: Einfach mal machen. Außergewöhnliche Ideen für die Arbeit mit Konfirmandinnen und Konfirmanden, Göttingen 2019

B METHODIK

7 PLANUNG, VOR- UND NACHBEREITUNG

Zeitgemäße Konfi-Arbeit zielt nicht primär auf kognitive Wissensvermittlung. Vielmehr werden über Erlebnisse in der Gemeinschaft, Erfahrungen und Spiritualität, Erforschen der biblischen Texte und christlichen Traditionen die Persönlichkeit gefördert, Kompetenzen und Wissen gebildet (siehe Kap 1: Kirchliche Bildung, Pädagogik, Didaktik). In der Planung wird jeweils aufgegriffen, was aktuell inhaltlich und methodisch dran ist (und nicht mehr im Konfi-Kursbuch zum nächsten Kapitel geblättert).

Das bedeutet, dass in der Vorbereitung jeder einzelnen Einheit, jedes Konfi-Tages, jedes Projektes wieder neu darauf geachtet wird,

- ob Beteiligung für alle (mit verschiedenen Fähigkeiten, Grenzen, Interessen) möglich ist,
- ob es eine Orientierung gibt an dem, was Konfis wichtig ist (denn die Bibel stellt genau alle diese Lebensfragen und sucht nach Antworten, wenn auch in einer früheren Zeit),
- ob es Aktuelles (in der Welt, in der Stadt, in der Schule, im privaten Umfeld) gibt, das berücksichtigt werden sollte,
- ob die Einheit von Sozialformen, Räumen und Methodik her abwechslungsreich und vielfältig angelegt ist, sodass sich möglichst alle angesprochen fühlen und einbringen können,

- welche Chancen für Entdeckungen, Prozesse und Entwicklungen eröffnet werden.

7.1 Raum und Atmosphäre

Gute Planung beginnt bei der Raumgestaltung. Am besten ist, wenn jugendgemäße Räume zur Verfügung stehen. Jugendliche im Konfi-Alter fühlen sich weder zwischen Kinderspielzeug aus dem Spielkreis, noch umgeben von Häkelarbeiten aus dem Seniorinnen-Handarbeitskreis, wohl. Das lässt sich nicht immer verhindern, denn wir müssen mit den gegebenen Gemeinderäumen zurechtkommen. Es lohnt sich aber, darüber nachzudenken, was daran verändert werden kann.

Wenn es keinen speziellen Jugendraum gibt, kann der Gemeinderaum neutral möbliert und gestaltet werden, sodass je nach Zielgruppe durch einfache Umgestaltung (z.B. Präsentationswände) eine eigene Atmosphäre hergestellt wird.

- Die Sitzordnung ermöglicht Gemeinschaft und methodische Vielfalt, d.h. keine frontal ausgerichtete (aus der Schule bekannte) Vortragsbestuhlung mit Tischen, sondern eine offene Kreisform mit Stühlen oder festen Sitzwürfeln, in der alle alle sehen können. Tische können am Rand stehen für Methoden wie Schreibgespräche, Mal- oder Gestaltungsaufgaben. Sie werden nicht grundsätzlich zum Mitschreiben benötigt.
  Wer einen großen Gemeindesaal zur Verfügung hat, stellt auf die eine Seite einen Stuhlkreis und lässt in der anderen Raumhälfte freien Raum.

Ohne großes Umräumen hat man Platz für Bewegungsspiele, Standbilder, Rollenspiele usw.

- Gut ist, wenn im Raum eine Präsentationsfläche frei bleiben kann. Wenn Kleingruppen am Ende der Einheit ihre erarbeiteten Szenen, Kunstwerke, Videos o.Ä. zeigen, braucht es dafür einen angemessenen Ort, z.B. eine freie Wand für den Beamer, eine »Bühne« für das Rollenspiel, eine flexible Wandleiste für das Anbringen von Bildern (siehe Kap 12: Wertschätzung).
- Eine aktuell gestaltete Mitte fokussiert den Blick und konzentriert auf das, was jetzt dran ist: ein kirchenjahreszeitlich passendes Tuch, eine Kerze als Symbol für Gottes Gegenwart in unserer Mitte, ein Kreuz, ein Engel, je nach Anfangs-Ritual Konfi-Kerzen, ein neugierig machender Gegenstand, Steine und Federn, ein Blitzlicht-Symbol wie Redestein o.Ä., ein Bodenbild für die heutige Einheit (natürlich nicht alles, sondern nur eine kleine Auswahl).
- Für Raumwechsel, Stationen und Kleingruppen werden die Räume bzw. die Kirche ebenfalls vorbereitet. Benötigtes Material, Spielutensilien, Sitzgelegenheiten werden bereitgestellt, eine Kleinigkeit zu Naschen dazugelegt. Wenn das Außengelände einbezogen wird, ist zu überprüfen, ob die Bodenbeschaffenheit die geplanten Aktionen zulässt (zu matschiger Boden verhindert z.B. das Aufstellen von Bierzeltbänken oder dass Konfis sich auf den Boden legen), bzw. ob es Gefahrenquellen gibt (zu große Trockenheit verhindert ein Lagerfeuer).

Die Räume sind fertig vorbereitet, das benötigte Material liegt bereit, es ist liebevoll gestaltet, die Kerze brennt: Da fühlt ein Konfi sich willkommen und eingeladen.

7.2 Rituale

Rituale schaffen einen klaren Rahmen, indem sie Anfang und Ende einer Einheit gestalten, geben Sicherheit im Ablauf und verbinden die Gruppenmitglieder miteinander. Wenn ein Ritual für genau diese Konfi-Gruppe zu Beginn eingeführt wird, wird es am besten angenommen (siehe Kap 4.2: Gruppenphasen). Das Team überlegt, was genau ein Ritual ermöglichen soll (z.B. ankommen und zur Ruhe kommen, voneinander hören, ins gemeinsame Gebet kommen, spirituelle Ausdrucksformen erleben, jede*n Konfi wahrnehmen), um sich für eins zu entscheiden.

Rituale für eine »Wie geht es mir?«-Runde

- Konfi-Kerzen: Zu Beginn der Konfi-Zeit gestalten alle ihre je eigene Kerze. Diese wird jedes Mal zu Beginn reihum angezündet. Jede*r kann dazu erzählen, was ihn*sie gerade beschäftigt.
- Eine Schale mit Steinen und bunten Federn geht herum, Konfis nehmen sich wahlweise einen Stein für etwas Schweres, Belastendes oder eine Feder für etwas Schönes, Erfreuliches, legen es in der Mitte ab und erzählen den anderen davon, was sie bedrückt oder was sie mögen (alternative Symbole wären z.B. zerbrochene Tonscherben und Muscheln, schwarze und weiße Muggelsteine).
- Unterschiedliche Symbole (z.B. Scherbe, Luftballon, Batterie, Puzzleteil, Ball, Herz, Stein, Feder, Anker, Luftschlange, Kreuz, Stift, kleines Buch, Lupe, Maske, Schneckenhaus, Hammer) liegen in der Mitte. Jede*r nimmt sich, was am besten zur aktuellen Stimmung passt, und erzählt warum.
- Verschiedene Postkarten (abstrakt, Kunst, witzig, mit Worten) liegen aus, jede*r wählt eine und erzählt dazu.
- Aus verschiedenen Emoji-Karten wählen alle eine aus und erzählen von der eigenen Verfassung.

- Ein Redestein, eine Kugel o.a. geht herum. Wer den Gegenstand hat, redet, die anderen hören zu.

Spirituelle Rituale

- Die Konfi-Zeit beginnt oder endet jeweils mit einer kurzen Andacht (siehe Kap 6: Glauben leben).
- Alle singen ein Kirchenlied (abwechselnd ein altes aus dem Gesangbuch und ein modernes).
- Wer im Gottesdienst war, erzählt einen eigenen Gedanken daraus, etwas, das sie/ihn berührte oder zum Nachdenken anregte, ein Lied, das gefallen hat o.Ä.
- Es wird eine kurze Assoziationskette zum Predigttext des kommenden Sonntags initiiert.
- Persönliche Anliegen werden im Gebet abgelegt (Steine vor ein Kreuz legen, Zettel schreiben und in eine Schale legen) und nach der Konfistunde entfernt (!).
- Das Vaterunser wird gemeinsam gebetet (später können alle das Gebet durch das Einüben auswendig und es muss nicht als Hausaufgabe »gelernt« werden).
- Im Segenskreis wird der Segen gegenseitig weitergegeben, z.B. mit einer geöffneten und einer gebenden Hand nach links und rechts im Kreis.

Gruppen-Rituale zum Kennenlernen und Einander-Wahrnehmen

- Zu Beginn gibt es immer ein Spiel (zuerst zum Kennenlernen, später zur Wahrnehmung, Kooperation, zum Einstieg ins Thema).
- Jedes Mal stellt ein*e Konfi sein*ihr aktuelles Lieblingslied vor.
- Jedes Mal wird ein*e Konfi von den anderen reihum etwas gefragt, z.B.: »Was machst du in deiner Freizeit, was hast du gestern

Abend gemacht, welches ist deine Lieblingsserie, warum hast du immer einen Zopf?« Man darf alles fragen, aber man muss nicht auf alles antworten!

Oft entwickeln sich im Laufe der Zeit ungeplant eigene Rituale durch Initiative der Konfis, die eine Gruppen-Identität schaffen. Wunderbare Gruppenaktionen sind so schon entstanden: Reihum bringt jede*r Kekse für alle mit; wer Geburtstag hatte, bekommt eine Kerze und wünscht sich ein Spiel/Lied; wer Lust hat, trifft sich 30 min vorher schon zum Quatschen oder Kickerspielen (im Jugendraum, im Foyer), …

7.3 Schritte der Vorbereitung vom Thema zum Ablauf der Konfi-Einheit

7.3.1 Vorbereitung einer Konfi-Einheit

Die folgende Checkliste basiert auf einem bewährten Ablauf der Vorbereitung der kommenden Konfi-Einheit gemeinsam mit Teamer*innen. Sie geht davon aus,

- dass ein »Curriculum«, also ein grober Ablauf durch die Konfi-Zeit nach Kirchenjahreszeit, lebensrelevanten Jugendthemen, biblischen Themen o.Ä. (je nach Konfi-Ordnung der Landeskirche, der Gemeinde, dem Konzept der Konfi-Verantwortlichen) gemeinsam vorab entwickelt wurde, sodass man nicht jedes Mal ganz von vorne beginnt, ein Thema zu suchen. Gut ist es, das Thema der Folge-Einheit schon rechtzeitig in der Vorbereitungszeit mitzubedenken,

- dass sich alle Leitungspersonen in angemessener Zeit vor der Einheit treffen (nicht erst kurz vor der Konfi-Zeit), damit noch Zeit z.B. für Materialsammlung, letzte Absprachen, ein Gebet ist.

Zu Beginn wird eine Vorbereitung ca. 90 min dauern, wenn die einzelnen Schritte noch nicht eingeübt sind. Später, wenn diese Vorbereitungsform ritualisiert ist, geht es schneller und kann durch Aufgabenteilung im Team individuell erfolgen. Je nach Gegebenheiten wird abgewogen, ob und wann Essen, Snacks und Getränke angeboten werden.

- *»Ziel« für die Konfi-Einheit / den Konfi-Tag formulieren*: Welche Botschaft(en) sind für uns zentral? Welche Inhalte sollen erforscht werden? Worum geht es uns schwerpunktmäßig (Selbsterfahrung, Gemeinschaftserfahrung, Bezug zwischen Bibeltext und Konfis heute, Kommunikation, christliche Tradition kennenlernen, Konfliktlösung, …)?
- *Sammeln*: Symbolhafte Gegenstände, Postkarten, Redensarten, Sprüche, Songs, Bilder, Texte, Kurzfilme mitbringen und austauschen.
- *Brainstorming*: Team-Mindmap erstellen, z.B. Wortfelder zum Thema, spontane Ideen für Gestaltung, Übungen, Spiele dazu notieren.
- *Bibeltexte finden:* z.B. mithilfe einer Konkordanz (= Bibellexikon alphabetisch).
- *Eigenen Zugang zum Text/Thema finden*: Text assoziativ lesen, Bibelteilen, Bibliolog o.Ä. als eigene inhaltliche Vorbereitung.
- *Verbindung* zwischen Bibeltext (oder Glaubensbekenntnis, 10 Geboten ö. Ä.) und möglichen Lebenserfahrungen von Konfis besprechen.
- *Kreative Methoden* wählen, die zum Thema passen (darauf achten, dass alle sich beteiligen können).

- *Material finden*, das zum Thema/zur Umsetzung des Textes passt.
- *Reflexionsmethode wählen*: Präsentation, Interview, Abschlussrunde.
- *Ablauf der Einheit festlegen* (Gruppenphase, Spannungsbogen, Methodenvielfalt beachten), z.B. Ritual, spielerische Einstimmung, Hinführung zum Thema, schöpferische Phase, Reflexion, Austausch, Ausklang.
- *Zeitplan, Materialliste, To-do-Liste erstellen* und einteilen: Wer macht was?
- *Fragen:* Wer wünscht noch was, um sich sicher zu fühlen und um sich auf die gemeinsame Zeit zu freuen?

7.3.2 Möglicher Aufbau einer Konfi-Einheit

Um ein Gespür zu bekommen, was wann wie aufeinander aufbaut und um ein inneres Bild für die Einheit zu gewinnen, wird der Ablauf am besten übersichtlich in Tabellenform aufgeschrieben. Es wird schnell deutlich, an welchen Stellen noch eine Überleitung, ein Spiel, ein Methodenwechsel ansteht, damit sich niemand langweilt. Eine solche Tabelle erfasst:

- *Uhrzeit:* Wann soll was geschehen und wie lange wird das vermutlich dauern? Es hilft, selbst kurzen Inputs wie Liedern, Warm ups, Energizern eine geschätzte Dauer zu geben.
- *Input:* Was wird initiiert? In diese Spalte werden sämtliche inhaltlichen Impulse eingetragen: Lieder, Spiele, Warm ups, Rituale, thematische Auseinandersetzung, Präsentationen, Segen … Ebenfalls finden hier ergänzende Ideen Platz, sollte das Wetter nicht mitspielen, die Gruppe(n) verschieden lang in der schöpferischen Phase vertieft sein, oder neue Methoden ausprobiert werden.

- *Material*: Wenn der zeitliche Ablauf sortiert und eingetragen ist, kann in diese Spalte jedwedes Material eingetragen werden: Kerze, Beamer, Farbspraydosen, Cajon, Wurfsäckchen …
- *Wer macht's*: Sobald ein Team zusammenarbeitet, werden die Anleitungen, Moderationen, Verantwortlichkeiten auf alle verteilt. Die Einzelnen überlegen sich ihre Überleitungen und Formulierungen, probieren Neues aus. Es wird vereinbart, ob die Personen selbst für das benötigte Material sorgen oder ob eine Person alles zusammenträgt.

Die Inputs bauen sich sinnvollerweise wie folgt auf:

- *Beginn*: Der Beginn der Konfi-Zeit wird mit einem gemeinsamen Ritual gestaltet. Es hilft beim Ankommen und markiert den Übergang zu einer besonderen Zeit. Ein Ritual, das die Leitung, das Team, die Konfis mögen und zur aktuellen Gruppensituation, zum Thema passt, leitet über in das kommende Geschehen (siehe Kap 7.2: Rituale).
- *Einstieg ins Thema:* Ein überraschender Impuls, eine Frage der Konfis, ein Spiel, ein kurzer Film, ein Anspiel der Teamer*innen weckt die Aufmerksamkeit der Konfis und motiviert, sich mit dem Thema auseinanderzusetzen.
- *Warm up:* Um für die Erforschung »in Stimmung zu kommen« wird ein passendes Warm up eingebaut (z.B. eine Stimmübung oder Körperarbeit).
- *Erforschung:* Hier ist Platz für Erforschungen, Stationsläufe, Planspiele, Bauaufträge, Ortswechsel, verschiedene Sozialformen.
- *Präsentation:* Alles, was die Konfis herausgefunden und erarbeitet haben, bekommt eine Würdigung (siehe Kap 12.2: Präsentationen). Schließlich sollen die Konfis stolz auf ihr Engagement sein. Bei der Würdigung ereignen sich oft tiefsinnigste Erkenntnisse und Gespräche. Im Anschluss wird überlegt, wie die Ergebnisse

andere in ihren Fragen und Gedanken anregen können; z.B. kann ein gemeinsamer Gottesdienst gestaltet, eine begehbare Ausstellung im Kirchraum aufgebaut, eine Begegnung mit Menschen aus dem Stadtteil organisiert werden, ein diakonisches Projekt entstehen.

- *Weiterführende Impulse:* Je nach Dauer der Konfi-Einheit können an dieser Stelle neue, weiterführende, ergänzende Impulse gegeben werden, auf die jeweils neue Erarbeitungsphasen und Präsentationen folgen. Dann bitte auf jeden Fall eine Pause und eine Stärkung einplanen!
- *Abschluss und Verabschiedung:* Nun wird die gemeinsame Zeit sicht- und spürbar für alle abgeschlossen. Eine gemeinsame Andacht, ein Segenslied oder ein Tschüss-Ritual markiert den Übergang in den Rest des Tages.

Je sorgfältiger die Vorbereitungen zu Beginn geschehen, desto flexibler kann auf Unvorhergesehenes und Planänderungen eingegangen werden. Mit der Zeit bildet sich ein Repertoire aus, das in den nächsten Jahrgängen in Teilen angepasst und mit anderen Einheiten kombiniert wird. Übergangs-Moderationen, Hilfestellungs-Fragen, situationsgerechte Motivationen fallen leichter.

7.4 Situationsorientierung

Bei aller notwendigen Planung bzw. gut strukturierten Vorbereitung ist dennoch nie genau vorauszuahnen, was in welcher Situation passiert. Oft muss man spontan und flexibel auf die Gruppensituationen reagieren: Sind die Konfis bei der Sache oder durch etwas abgelenkt? Sind sie müde, kicherig, hippelig, hungrig, offen, verschlossen, unzufrieden, aufgeregt? Gibt es Unruhe durch einen schwelenden Konflikt in der Gruppe? Gibt es Ereignisse (in der Schule oder weltweit), mit denen viele Jugendliche beschäftigt sind? Worauf wir natürlich flexibel reagieren und das geplante Programm verändern, ergänzen oder sausen lassen.

Manche Planung erledigt sich durch unvorhergesehene äußere Umstände: ein unerwartetes Gewitter, der Bus mit der Hälfte der Gruppe aus dem Nachbardorf verspätet sich um dreißig Minuten, trotz mehrfacher Proben funktioniert der Beamer heute nicht … dann machen wir eben etwas anderes.

Folgende innere Haltungen und allgemeine Vorbereitungen verhelfen der Leitung zu Gelassenheit:

- Mögliche »Störungen« in der Planung bedenken und einen Plan B auf dem Zettel haben (bei z.B. technischen Problemen oder Regenwetter).
- Nachfragen, was mit den Konfis los ist, und bei aktuellen Anlässen, die die Konfis beschäftigen, eine Redestunde »ohne Thema« einbauen, in der alle Konfis loswerden können, was sie bedrückt.
- Nachfragen, ob alle die Idee der kommenden Einheit verstanden haben und wissen, was sie tun sollen.
- Nachfragen und intervenieren, wenn es Streit gibt.
- Kleingruppen bilden, wenn das Gespräch im Plenum zäh verläuft.
- Einen Energizer einbauen, Material und Methoden in der Hinterhand haben, die keine akute Vorbereitung benötigen (z.B. einen thematisch passenden Film in der Schublade, einige Spielmaterialien zum Thema Kooperation im Schrank haben, Gesprächsmethode wechseln, einen Blanko-Ablauf vorbereiten, in den man spontan ein aktuelles Thema einfügen kann).

All dies sollte nicht zur Regel werden oder als Anregung missverstanden werden, sich nicht vorzubereiten. Nur: Manchmal kommt es einfach anders, als man denkt.

7.5 Nachbereitung und Feedback

Genauso wichtig wie die Vorbereitung ist die gute Nachbereitung einer Einheit. Das Team tauscht sich darüber aus, wie es war, ob die Planung funktioniert hat, wie man sich gegenseitig erlebt hat und was man nächstes Mal anders machen könnte (siehe Kap 12.3: Feedback). Dadurch entwickelt sich das Team immer weiter. Feedback-Übungen, die sich für die Nachbereitung im Team eignen, sind z.B.:

Feedback durch die Leiter*innen-Brille

- In einer ersten Feedback-Runde sagt jede*r Teamer*in, was ihr z.B. persönlich einfällt, wie es war, was sie erlebt hat, was ihr aufgefallen ist.
- In einer zweiten Runde richtet sich der Fokus auf die Leitungs-Ebene: Wenn ich mir die Konfi-Einheit durch die Leiter*innen-Brille ansehe (dafür eine gestaltete oder angemalte Brille als Symbol kreisen lassen), was habe ich (anders) gesehen? Als Teamer*in gebe ich meinen Kolleg*innen Rückmeldungen, wie ich sie gesehen und was ich »von außen« wahrgenommen habe.
- In einer dritten Runde kann noch eine Konfi-Brille aufgesetzt werden: Wenn ich die gemeinsame Zeit durch die Konfi-Brille sehe, war intensiv … eher langweilig … kam gut an …

4-Schritte-Feedback im Team

- Beobachtungen austauschen über die *Konfis*: Was haben sie entdeckt/gelernt/erlebt in dieser Einheit? Wie habe ich die Gruppendynamik oder einzelne Konfis heute gesehen?
- Beobachtungen über das *Thema* teilen: Welche Entdeckungen über das Thema haben wir gemacht? Hat das Thema Auswirkungen auf die Gruppendynamik gehabt? Wohin führt uns das Thema weiter?
- Beobachtungen zu den *Methoden*: Welche Methode hat den Konfis Spaß gemacht? Waren dies geeignete Methoden für das Thema? Welche Aufgabe/Frage war unverständlich/hilfreich?
- Beobachtungen zum *Team*: Wie war die Zusammenarbeit? Was ist mir an meinen Teamkolleg*innen aufgefallen? Wie habe ich mich gefühlt?

8 MODERATION

Neben der inneren Haltung und den Grundlagen für gelingendes Miteinander-Reden kommt es in der Konfi-Zeit darauf an, eine Gruppe von pubertierenden und je nach Situation quirligen, gelangweilten, erschöpften, abgelenkten, kichernden Konfis in den Gesprächsrunden zwischen den kreativen Phasen oder zum Abschluss zu leiten. Und das in einer Atmosphäre, die vertiefende Gespräche über persönliche und religiöse Themen ermöglichen, bei denen alle beteiligt sind: Wie bringe ich Konfis miteinander ins Gespräch, wie ermögliche ich inspirierende Gesprächsrunden, wie motiviere ich die Jugendlichen zu eigenen Antworten auf die Fragen, die wir als Team oder die Konfis einander stellen?

Die Methode »Der Pastor erzählt eine Bibelgeschichte und dann reden wir alle darüber« (dies ist tatsächlich eine häufige Antwort von Konfis, wenn man sie nach den Methoden in ihrer Konfi-Gruppe fragt!) mag in der Vorbereitung einfach sein, führt jedoch selten zu begeisterten Konfis, die zu eigenen Erkenntnissen kommen und lange erinnern, worüber gesprochen wurde.

8.1 Gesprächsrunden anleiten

Frageformen

Fragen in einer Gesprächsrunde sollten generell Folgendes ermöglichen:

- alle Teilnehmenden ansprechen und einbeziehen,
- zum Nachdenken über ein Thema anregen,
- sich eigene Meinungen bilden und sie frei formulieren,
- das Wissen aller Teilnehmenden miteinander teilen/ einander ergänzen,
- Arbeitsschritte abstimmen,
- Stimmungen transparent machen,
- bei Bedarf Gruppenkonsens herstellen.

Dabei gibt es gute und weniger geeignete Fragen.

Gute Fragen …

- sind stringent und einfach formuliert,
- sind offen gestellt (W-Fragen: wie, warum, …),
- sprechen persönlich an,
- sind wertfrei formuliert,
- lassen mehrere Antworten zu,
- sind zielgerichtet,
- geben die Frage in die Gruppe zurück, z.B. nach der Frage an die Leitung »Warum lässt Gott Leid zu?« gibt diese sie an die Gruppe zurück: »Was denkt ihr denn selbst darüber?«

Schlechte Fragen sind …

- geschlossene Ja-/Nein-Fragen (nur zur Entscheidungsfindung),
- unklar, unverständlich,

- rhetorische Fragen, Fangfragen (wie z.B. »Wollt ihr mich etwa hängenlassen?«),
- allgemein, banal,
- wertend, behauptend, aggressiv, ironisch,
- suggestiv, manipulierend (z.B. »Wir wollen doch alle …, oder?«),
- Fragen zur Wissenskontrolle,
- mehrere Fragen auf einmal bzw. mehrere Frage-Ebenen gleichzeitig.

Formen einer Gesprächsrunde

Alle Formen bergen Chancen und Risiken, die je nach Situation abzuwägen sind. Grundsätzlich ist es gut, die Formen abzuwechseln.

*Jede*r, der*die will, sagt einfach etwas.*

- *Vorteile:* Funktioniert gut in kleinen Gruppen (bis ca. 6 Personen); ermöglicht eine lockere Gesprächsatmosphäre; regt zu freien Diskussionen an; wird zum lebendigen Gespräch.
- *Nachteile:* Alle reden durcheinander, einige kommen gar nicht zu Wort, nur die dominanten Konfis reden. Manchmal redet niemand.

Wer ein Zeichen gibt, wird drangenommen.

- *Vorteile:* Es ist gerecht; niemand wird »gezwungen«, etwas beizutragen; wer sich meldet, hat etwas zu sagen und ist bereit, es mitzuteilen; das Gespräch bleibt im Fluss.
- *Nachteile:* Stille, zurückhaltende Konfis melden sich gar nicht erst, weil sie länger überlegen müssen, bevor sie etwas sagen; es sind nur einige, die am Gespräch beteiligt sind.

*In der Runde sagt jede*r der Reihe nach etwas (z.B. indem ein Redestein herumgegeben wird).*

- *Vorteile:* Jede*r kommt zu Wort; viele verschiedene interessante Meinungen kommen vor; jede*r weiß, wann er*sie drankommt und kann sich etwas zurechtlegen; es ist abwechslungsreich; es entstehen keine langen Pausen, weil klar ist, wer dran ist.
- *Nachteile:* Es fühlt sich etwas gezwungen an; einige hören nicht zu, weil sie damit beschäftigt sind, eigene Antwort zu überlegen; es ist eine Abfolge von Meinungen, es entsteht kein lebendiges Gespräch mit spontanen Reaktionen; es können Antworten kommen wie: »Ich meine, was mein*e Vorredner*in meint.«, »Es wurde schon alles gesagt.« oder: »Keine Ahnung.« (dann dazu ermuntern, es noch mal mit eigenen Worten zu sagen).

Ein Rede-Ball wird zugeworfen. Wer ihn bekommt, erzählt.

- *Vorteile:* Konfis entscheiden, wer redet, und steuern damit das Gespräch; alle sind aufmerksam und denken mit, weil sie jederzeit dran sein können; es lockert auf, ist interaktiv, viele kommen zu Wort.
- *Nachteile:* Der Ball geht nur unter den »beliebten« Konfis oder der eigenen Clique rum, manche werden übersehen; Abfrage von Meinungen ohne Möglichkeit zu direkter Reaktion; Moderator*in hat keinen Einfluss auf den Prozess; Werfen und Fangen (oder Nicht-Fangen) bietet Möglichkeit für Albernheiten oder »Attacken« (Ball schleudern; so werfen, dass man ihn gar nicht fangen kann; jemand anderes abwerfen), was gut für eine Austobe-Unterbrechung sein kann oder aber auch andere nerven und kontraproduktiv sein kann.

Die Leitung nimmt dran, wen sie möchte.

- *Vorteile*: Die Leitung steuert den Gruppenprozess, hat alle im Blick; alle müssen aufmerksam sein und mitdenken; Stillere bekommen die Chance zu Beteiligung und kommen zu Wort, ohne dass sie sich melden müssen; Vielredende kommen nur einmal dran; Nachfragen sind möglich.
- *Nachteile*: Manche werden »vorgeführt«, weil sie nichts sagen möchten; es ist langweilig für die, die etwas sagen wollen und nicht drankommen.

Prinzipiell ist die Beteiligung freiwillig. Niemand darf zu einer Antwort gezwungen werden – besonders bei persönlichen Themen. Außerdem ist darauf zu achten, dass niemand bloßgestellt, blamiert oder ausgelacht wird (siehe Kap 5.1: Grundlagen für wertschätzende Kommunikation). Sonst traut sich nächstes Mal niemand mehr, etwas zu sagen.

8.2 Was mache ich, wenn …

… niemand zuhört?

- Mich fragen, ob ich mir durch Körpersprache oder zu leises Sprechen nicht genug Aufmerksamkeit verschafft habe. In der Situation hilft aufstehen, klares und deutliches Sprechen, Ruhe einkehren lassen und erzählen, worum es geht.
- Gemeinsam ein akustisches Signal vereinbaren (ein Buzzer, Quietschehuhn, Glöckchen o.Ä.), das »Jetzt bitte still sein« bedeutet.

- Der Ablenkung auf die Spur kommen. Etwas anderes scheint wichtiger zu sein. Nachfragen, was es ist, und entscheiden, ob es Raum bekommt oder die Konfis es bitte später besprechen.
- Einen Methodenwechsel durchführen. Wenn ich schon 20 Minuten geredet habe, wundert es nicht, wenn die Konfis nicht mehr zuhören. Das ist einfach nicht ihre Methode.
- Generell gilt: Die Konfis selbst interagieren lassen und nicht erwarten, dass sie mir lange zuhören. Eine kurze Hinführung zum Thema, die Anleitung im Team aufteilen, damit verschiedene Personen (Stimmen) beteiligt sind, einen abwechslungsreichen, motivierenden Zugang zum Thema finden und die Konfis selbst etwas erarbeiten lassen, das sie später präsentieren – das alles ist spannender als einem Leitungs-Vortrag zuzuhören.

… niemand etwas sagen will?

- Fragen, warum! Vielleicht sind alle müde und erschöpft vom langen Schultag. Dann hilft ein Bewegungsspiel zur Auflockerung.
- Mich (und die Konfis!) fragen, ob die Aufgabe bzw. Frage unklar formuliert war, sodass die Konfis gar nicht wissen, worauf sie antworten sollen.
- Gute Fragen stellen, schlechte Fragen vermeiden (s.o. Kap 8.1).
- Eine Rederunde anleiten, in der jede*r drankommt; wer nichts sagen möchte oder kann, gibt weiter.
- Die Moderationsmethoden abwechseln (siehe Kap 8.3: Kreative Moderationsmethoden).
- Manche nehmen sich Zeit zum Überlegen und sind weder spontan noch schlagfertig. Jetzt hilft z.B.: Jede*r schreibt einen Satz als Antwort oder ein Statement auf eine Karte, die vorgelesen wird.

… immer nur dieselben zwei Konfis reden und diskutieren?

- Die beiden (oft wahlweise hervorstechend gebildeten, vorlauten, dominanten, besserwisserischen) Konfis bitten, nur einmal ihr Statement abzugeben und den anderen zuzuhören. Ihnen gleichzeitig signalisieren: Ich sehe dich und dein Engagement.
- Eine Rederunde anleiten, damit alle drankommen.
- Die redegewandten Konfis nutzen und bei Kleingruppenbildung aufteilen; sie für Debatten auf zwei Seiten verschieden einteilen.

Für all diese Situationen gilt: Je abwechslungsreicher und kreativer meine Erarbeitungs- und Moderationsmethoden sind, desto mehr Konfis werden sich beteiligen. Eine 60-minütige Frage-Antwort-Runde im Stuhlkreis reißt niemanden von den Sitzen.

8.3 Kreative Moderationsmethoden

Aufstellung (geeignet zur Abfrage von Positionen und Meinungen, ab ca. 8 Personen)
Im Raum gibt es einen (mit einem Seil oder Kreppband gelegten) Strahl von mehreren Metern mit einer gedachten Skala von 0-10. Auf einzelne konkret vorformulierte Aussagen hin stellen sich die Konfis auf, je nachdem, wie es auf sie zutrifft. Einzelne Konfis (z.B. die mit extremen Positionen, die in der größten Menge oder die, die sich sonst nicht viel beteiligen) werden gefragt: »Warum stehst du hier? Was fällt dir noch dazu ein?« Die Konfis vertiefen ihre Positionen und äußern verschiedene Meinungen. Dazu kann man ein kaputtes Mikro, einen Kochlöffel als Mikro o.Ä. benutzen.

Interview (geeignet für Meinungsbildung, ab 4 Personen)
Je zwei Konfis interviewen sich gegenseitig zu einem Thema, dazu überlegen sie sich selbst Fragen und Nachfragen. Im Plenum geben sie anschließend eine kurze Zusammenfassung der Positionen einer jeweils anderen Person wieder.

Speed-Kreisel (geeignet zum Kennenlernen vieler Gedanken, ab 10 Personen)
Die Konfis sitzen oder stehen in zwei Kreisen (Innen- und Außenkreis), sodass jeweils zwei Konfis einander gegenübersitzen und miteinander sprechen können. Für jede kurze Begegnung gibt es eine konkrete Frage, ein Stichwort o.Ä. Auf ein akustisches Signal hin (Timer des Handys stellen, einen großen Gong schlagen, in eine Trompete blasen) rücken die Konfis des Außenkreises eine Position weiter nach links.

4-Ecken (geeignet für Austausch persönlicher Themen, ab insgesamt 12 [=4 x 3] Personen)
Vier Ecken im Raum mit je einem Din-A4-Blatt und einem Wort stehen für 4 unterschiedliche Positionen zu einem Thema / für 4 verschiedene Gefühle / für 4 persönliche Eigenschaften o.Ä. Die Konfis verteilen sich auf eine der vier Ecken und tauschen sich entsprechend der Vorgaben aus, sammeln Argumente o.Ä.

Variante (ab 16 Personen): Danach bilden sich neue Gruppen mit je 4 Personen aus je einer der Ecken, die Gruppen werden neu gemischt.

Gruppen-Puzzle (geeignet für die Erarbeitung eines neuen Themas oder Planung eines Events mit anschließenden Präsentationen, ab 9 Personen)
Jede*r Konfi wird Expert*in und Wissensvermittler*in zugleich. Expert*in wird man dadurch, dass man einen Spezialauftrag erhält,

als Vermittler*in bringt man das neue Expert*innen-Wissen wieder in die Gruppe ein. Unterschieden wird also zwischen Stamm- und Expert*innengruppen. Aus den Beiträgen der Expert*innen wird in den Stammgruppen ein Gesamtbild zusammengesetzt: das fertige Puzzle.

- Beispiel: 3 Stammgruppen à 3 Konfis planen ein Event (Spieleabend, Kinderfest, Wald-Rallye, Themenabend, Kickerturnier).
  1. Schritt: Die Stammgruppen überlegen sich je eine Aktion mit inhaltlichem Thema.
  2. Schritt, Expertenrunde 1: Es werden Spezialthema-Gruppen gebildet (Ort, Finanzen, Werbung). Je eine Person aus den Stammgruppen tritt einer Spezialgruppe bei. Hierfür gibt es Material zur Recherche in Literatur oder Internet.
  3. Schritt, Expertenrunde 2: Es werden neue Spezialthema-Gruppen gebildet (Verpflegung, Formalitäten, Sonstiges). Wieder tritt je eine Person aus den Stammgruppen einer Spezialgruppe bei.
  4. Schritt: Die Konfis kehren in ihre Stammgruppen zurück und planen den Ablauf. Alle bringen ihr Expert*innenwissen ein.

Symbole als Gesprächsanregung (geeignet als Anregung zu freiem Gespräch, selbst über Persönliches)
In der Mitte eines Stuhlkreises liegt eine Auswahl Symbole, Postkarten oder Sprüche zum Thema. Alle Anwesenden (Konfis, Teamer*innen, Leitung) nehmen sich das, was am besten die eigene Position, das eigene Thema oder Gefühl ausdrückt und erzählen.

Debatte/Podiumsdiskussion (geeignet zur Meinungsbildung)
In einer Debatte oder einem Pro- und Contra-Gespräch können unterschiedliche Standpunkte zu einem (umstrittenen) Thema präsentiert werden. Dies geschieht unter vorher besprochenen Regeln und differenzierten (Variante: vorher vorgegebenen) Rollen bzw.

Standpunkten. Die Beteiligten werden ihren eigenen Interessen dadurch (besser) auf die Spur kommen und üben, sie im Sinne der gewaltfreien Kommunikation zu artikulieren. Sie versetzen sich während des Gesprächs in andere Positionen hinein und schließen Kompromisse.

Schreibgespräch (geeignet zur Meinungsbildung)
Rund um ein Metaplan-Papier und viele farbige Filzstifte oder Eddings sitzen Konfis (bis max. 8 pro Tisch). Das Thema steht groß in der Mitte. Nacheinander (damit sich eine*r auf den*die Nächste*n beziehen kann) schreibt jede*r eine Meinung auf. Die Anderen können das ergänzen, ein Beispiel dazu finden oder konträr argumentieren. Im Schreib-Stil (wo auf dem Blatt, wie dicht oder entfernt von dem vorigen Satz, wie groß, welche Farbe, unterstrichen, umkringelt usw.?) bildet sich der Diskussionsverlauf und der Inhalt ab. Je nach Dauer können nun die Tische gewechselt werden. Anschließend wird der oder den anderen Gruppe/n eine Zusammenfassung des Gesprächs und der Erkenntnisse geschildert.

Fish-bowl (geeignet zu Meinungsbildung und Austausch)
Bei der Diskussionsmethode »Fishbowl« (Aquarium) entfalten die Konfis ein Thema durch Argumente. Jede Gruppe (mind. 2, max. 4) vertritt eine eigene Meinung. Die Gruppen erarbeiten sich ein Thema (dafür z.B. Material bereitlegen, Internetseiten angeben, Plakate und Flyer ausbreiten, einen Film zeigen) und stellen Argumente zusammen, die sie für ihre Meinung stark finden. Es werden zwei konzentrische Stuhlkreise gebildet. Der Innenkreis, in dem die Thematik diskutiert wird, besteht aus einem oder mehreren Sprecher*innen der Gruppen, ein bis zwei Moderator*innen und einem bis zwei freien Stühlen. Die anderen Konfis sind Zuhörende und Beobachtende und sitzen im Außenkreis. Der*die Moderator*in leitet die

Diskussion ein und achtet auf die Einhaltung der Gesprächsregeln. Die Konfis im Außenkreis können sich an der Diskussion beteiligen, indem sie sich auf einen freien Stuhl im Innenkreis setzen. Diese*r Konfi erhält als Nächste*r das Wort, setzt sich nach Verdeutlichung des Standpunktes zurück in den Außenkreis. Am Ende der Diskussion werten die Moderierenden die Diskussion aus.

Positions-Kreis (geeignet als kurzes Meinungsbild und Rückmeldung)
Alle stehen im Kreis, ein Symbol markiert die Mitte. Nach Fragen/Aussagen der Konfis, Teamer*innen oder Leitung gehen alle, die der Aussage zustimmen, einen großen Schritt in die Mitte. Wer unentschieden ist, bleibt stehen. Wer der Aussage nicht zustimmt, geht einen großen Schritt rückwärts.

9 SPIELPÄDAGOGIK

9.1 Was ist Spiel?

Spielen gehört zu den Lieblingsbeschäftigungen von Konfis und zu den (vermeintlich) leichtesten und beliebtesten Methoden für Leitende. Spielen ist allerdings wesentlich vielschichtiger als nur eine Methode zur Auflockerung.

»Der Mensch ist nur da ganz Mensch, wo er spielt.«[34]
Friedrich Schiller schrieb diesen Satz, der die anthropologische Bedeutung von Spiel hervorhebt, bereits 1795 und eröffnete damit einen ganzheitlichen Ansatz von menschlichem Tun, der bis heute gilt. Spiel bedeutet nicht nur »ein Spiel spielen« (englisch: game), sondern meint darüber hinaus ein freies, zielloses, ergebnisoffenes, sich stetig bewegendes Geschehen (englisch: play). Der Kulturhistoriker Johan Huizinga hat für Spiel folgende Kennzeichen festgelegt:[35]

- Spiel ist freiwillig und zweckfrei,
- Spiel ereignet sich innerhalb bestimmter Grenzen von Raum (jedes Spiel hat einen Spielort, z.B. Tisch oder Wald) und Zeit (Spiel hat Anfang und Ende),
- Spiel findet außerhalb der sonstigen Lebenswelt statt, spielt sich in einer fiktiven Wirklichkeit ab,
- Spiel hat Regeln, die alle akzeptieren, damit gemeinschaft-

liches Spiel funktioniert und niemand Spielverderber ist,
- Spiel ist prozessorientiert und ergebnisoffen. Es ist ungewiss im Ablauf und Ergebnis, das macht die Freude und Spannung aus.

Eine grundlegende *Kategorisierung von Spiel* bietet der Soziologe Roger Caillois.[36]

Er teilt in Spiel in folgende Gattungen ein:

- *Agon* (griech.) = Wettkampfspiele. Diese Spielformen zeichnet aus, dass bei Chancengleichheit ein Messen an Geschick, Schnelligkeit, Kraft, Taktik o.Ä. geschieht. Der Reiz liegt darin, eigene Fähigkeiten einzusetzen, um am Ende Sieger*in zu sein. Beispiele hierfür sind Sportspiele, Gesellschaftsspiele wie Schach, Memory, Mannschafts-Wettkämpfe (»Welches Team hat zuerst … erreicht?«)
- *Alea* (lat.) = Würfel für Glücksspiele. Die Spiele basieren auf dem Zufallsprinzip. Ereignisse wie Würfeln oder Kartenziehen beeinflussen den Verlauf mehr als individuelle Fähigkeiten. Der Spielreiz liegt in der Gunst des Schicksals. Zu diesen Spielen zählen z.B. alle Würfelspiele, Kartenspiele, viele Brettspiele.
- *Mimikry* (engl.) = Nachahmung für Verwandlungsspiele. Hier geht es um die zeitweilige Annahme einer Illusion oder fiktiven Rolle, häufig unterstützt durch eine Verkleidung. Klassische freie Kinderspiele wie »Mutter und Kind« oder »Räuber und Gendarm« gehören dazu sowie alle Verkleidungsspiele, Pantomime, Rollenspiele, cosmic play, escape rooms u.a.
- *Ilinx* (griech.) = Wasserstrudel für Rausch-Spiele. Hier geht es darum, einen Zustand von Instabilität, Trance, Aus-der-Balance-Sein zu erreichen. Alles Schaukeln, Wippen, Karussellfahren, Schleudern, Tanzen und Bewegungsspiele gehören in diese Kategorie.

Spiel-Kategorien heute

Mit der Weiterentwicklung der Spielpädagogik in den 1980er-Jahren (unter den Stichworten »New games« und »Spiele ohne Sieger« durch den Spielpädagogen Christoph Riemer), sind eine Vielzahl neuer Spiel-Ideen zum Einsatz in Gruppen entstanden. Bei ihnen geht es nicht mehr vorrangig um Gewinnen und Verlieren, sondern um ein gemeinschaftsstiftendes Erlebnis. Folgende Kategorien von Spiel sind heute gebräuchlich und entsprechend in Spiele-Karteien zu finden. Sie unterscheiden sich in Aufgabentypen, Aktionsarten und sozialer Funktion:

- Kennenlernspiele (Namensspiele zu Beginn, später vertiefende)
- Spiele zur Kleingruppen-Findung
- Wahrnehmungsspiele
- Entspannungs-/Wohlfühlspiele
- Gesprächsspiele/Stuhlkreisspiele
- Bewegungsspiele
- Wettspiele/Teamspiele
- Kommunikations- und Kooperationsspiele
- Gruppendynamische Spiele
- Darstellungsspiele
- Themenorientierte Spiele, z.B. zu Partizipation, Demokratie, Glaube
- Vertrauensübungen
- Spiele zum Abschied

Die Bedeutung von Spiel

Ein spielpädagogischer Grundsatz ist die Annahme von Probehandeln für die Wirklichkeit. Spiele eröffnen durch klare Regeln einen Spielraum, der die Realität reduziert. Der begrenzte Raum befreit dazu, ganzheitlich neue Erfahrungen mit sich selbst und in der Gruppe zu machen. Spiele entlasten vom Druck realer Lebensbedingungen und ermöglichen ein Probehandeln ohne existenzielle Folgen. Durch Nachahmung der Wirklichkeit wird die Auseinandersetzung mit den Lebensbedingungen in der Welt gefördert: Was im Spiel einmal als »Überlebensstrategie« erprobt ist (z.B. Risikobereitschaft zeigen, Teilen erleben, Verlieren überleben, erkennen, dass Fairplay zum Sieg führt, …), wird von Körper, Geist und Seele gespeichert, kann später in der Realität abgerufen werden und erweitert den eigenen Handlungsspielraum für Herausforderungen im echten Leben. Spiel ermöglicht eine Vielzahl von Selbsterfahrungen, sozialen Kompetenzen und praktischen Fertigkeiten:

- Nachahmung der Realität,
- Imagination einer anderen fiktiven Welt,
- Entspannung, Spaß und Ablenkung vom Alltag, lockere Atmosphäre,
- Verarbeitung von Lebenserfahrungen,
- Aufhebung von Rollen und Hierarchien, Außenseiter sind leichter zu integrieren,
- Förderung vieler körperlicher (Sensomotorik, Balance), geistiger (Gedächtnis, Taktik) und sozialer (Abgeben, Vertrauen) Kompetenzen,
- Ausdruck von Schwierigkeiten, Ängsten, Problemen,
- Identifikation und Einfühlung,
- Abbau von Aggressionen, Abreagieren von (»negativen«) Gefühlen und Verhalten, z.B. Schreien, Kraft anwenden im Stoßen, Schleudern, Trampeln,
- Kommunikation, Kontakt, Beziehung auf verschiedenen Ebenen,
- Einübung von sozialem Verhalten wie Empathie, Vertrauen, Konfliktfähigkeit,
- ganzheitliches Tun und Lernen mit allen Sinnen,

- Stärkung von Gemeinschaftserfahrung, Gruppenzusammenhalt, Teamarbeit,
- Körperwahrnehmung, körperlicher Ausdruck,
- Ausprobieren verschiedener Handlungsmöglichkeiten und Erkenntnisse daraus.

All dies sind fundamentale Elemente für die Selbsterfahrung und für die Entwicklung zu einem reifen selbstständigen Menschen, der sich in sozialem Gefüge bewegen kann.

Theologische Aspekte von Spiel

Wenn in der Bibel von Spiel die Rede ist, hat es meist die Bedeutung von Lachen (Ri 16,25), Tanzen (1. Sam 18,7), Kinderspiel (Sach 8,5; Mt 11,16) oder Kampfspiel (2. Sam 2,14). Spiel ist Zeitvertreib oder Festbrauch. Darüber hinaus bezieht sich Spielen auf das musikalische Spiel mit Instrumenten, meist im liturgischen Kontext von Lobpreis. Viele Spiele haben ihren ursprünglichen Sitz im Leben in sakralen oder religiösen Riten, z.B. ahmte das Ballspiel ursprünglich den Lauf der Sonne nach; »Himmel und Hölle« stammt aus einem Weih-Ritus. Durch Verbote von Vergnügungen im christlichen Leben geriet dieser Ursprung im Laufe der Religionsgeschichte in Vergessenheit. Vor allem wird Gott selbst als spielend mit einem Geschöpf bezeichnet (Ps 104,26) und die göttliche Weisheit spielt vor Gott (Spr 8,30).

Der biblische Spielbegriff legt uns ans Herz: Unser Spiel vor Gott soll frei, lachend, musizierend, tanzend, schöpferisch sein, um zu einem Lob Gottes zu werden.

9.2 Spielpädagogik in der Konfi-Arbeit

Spiel als religiöser Bildungsprozess

Im Spiel kommen viele der didaktischen Prinzipien und lerntheoretischen Erkenntnisse zusammen, die gute Bildungsarbeit ausmachen. Das ganzheitliche Verständnis von Lernen (siehe Kap 1: Didaktik) bezieht sich auf jede Verhaltenserweiterung im kognitiven, emotionalen, pragmatischen und sozialen Bereich, die durch Erfahrung erreicht wird. Durch Spiel ist Lernen auf all diesen Ebenen möglich. Ganzheitlich wirkt Spiel, wenn es nicht verzweckt wird, sondern viele Erfahrungsebenen verbindet.

Reine Lernspiele (wie ein Quiz, Rätsel, Lückentext, Text-Puzzle, Bibelquiz, Memory) sind eigentlich nur ein Trick. Scheinbar spielerisch geht es inhaltlich doch um ein abfragbares Wissen. Das kann man mal machen. Echte Spiele, in denen die Konfis Grundthemen des Lebens verhandeln und neu aushandeln können, reichen weiter. Durch sie werden Lebenserfahrung der Konfis und das Deutungsangebot des Glaubens in einen neuen Zusammenhang gestellt. Wo dies gelingt, geschehen die kleinen und großen Wunder in der Konfi-Arbeit:

- Ermutigung zu Spiritualität und Glauben,
- Ermutigung zu einem verantwortungsbewussten Leben vor Gott,
- Selbsterfahrung und Toleranz.

Bildung wird nachhaltig durch Erleben. Spiel sollte darum in allen Bildungsbereichen eingesetzt werden. Eine Trennung von erfahrungsorientiertem Lernen, wissensbezogenen Arbeitsformen und Spiel ist nicht sinnvoll. Wenn Spiel alle Lebensbereiche durchdringt, geschieht Lernen ganz von selbst. Daher plädieren wir dafür, dass spielerische Methoden die ganze Konfi-Zeit durchziehen. Durch die Erfahrung damit entwickeln sich die Konfis individuell und als Gruppe weiter.

Spielpädagogik in Konfi-Gruppen

Spiel ist nicht nur das Kennenlernspiel am Anfang, das lustige Spiel zur Auflockerung neben dem ernsten Thema und das Krippenspiel zur Weihnachtszeit (wobei all diese toll sind!). Spielpädagogik will pädagogisch begründete Absichten methodisch unterstützen und Anregung geben für den Umgang mit sich selbst und anderen. Sie vermittelt eine bewegte, sinn-volle, erlebnisreiche, ganzheitliche Weise, Gruppen anzuleiten und ihnen neue Handlungsimpulse zu geben und Erfahrungen zu ermöglichen. Der besondere Aspekt von Spiel im Gegensatz zu anderen Methoden und Übungen ist das Moment der Verwandlung und Fiktion. Spiel gibt eine Scheinwelt ohne persönliche Konsequenzen vor. Spiel bietet deshalb große Chancen (nicht nur) in der Konfi-Arbeit. Zum einen gehören die oben genannten Erfahrungen und Kompetenzen zu dem, wofür wir mit unserer Arbeit die Konfis befähigen können. Außerdem macht Spielen den meisten Jugendlichen Spaß, sodass mit einer größeren inneren Beteiligung und mit Lust auf die Konfi-Zeit zu rechnen ist.

Spiel ist ein Lebensprinzip durch alle inhaltlichen und methodischen Bereiche des menschlichen Umgangs und der Auseinandersetzung mit Themen hindurch. So sind ebenfalls die »Kreativen Methoden« (siehe Kap 11) spielpädagogische Methoden, indem sie spielerische Prozesse im eigentlichen Sinn ermöglichen. Wenn man Inhalte in einem passenden Spiel erlebbar macht, kann man den Prozess mit Konfis reflektieren und beispielhaft mit ihnen etwas erleben, das Spaß gemacht hat und Inhalte vielschichtig darstellt.

9.3 Spiele planen und anleiten

Ziele und Chancen

Wenn ein Spiel angeleitet wird, ist oft eine Absicht dabei (z.B. alle üben, aufeinander zu achten; alle können sich austoben, um danach konzentrierter zu sein), dennoch ist im echten Spielgeschehen immer auch Raum für freies Spiel.

Bei der Frage nach dem Einsatz von Spielen und der konkreten Spielauswahl geht es um Fragen wie: Was möchten wir als Team damit ermöglichen? Welche Erfahrungen wünschen wir den Konfis dabei? Was könnte die Gruppe davon haben?

- Ein Wunsch ist immer, dass die Konfis Spaß haben.
- Daneben gibt es noch viele Erfahrungsmöglichkeiten, die wir den Konfis wünschen, die nicht überprüfbar sind. Wenn Spiele zu pädagogisch rüberkommen und von Beginn an klar ist, dass die Spielenden etwas Bestimmtes lernen sollen, ist das spaßbremsend und die Konfis werden dies schnell entlarven.
- Trotzdem ist es nötig, sich klarzumachen, welche Chancen dieses Spiel hat, welche Erfahrungen es ermöglichen kann, um danach zu entscheiden, wann welches Spiel gespielt wird.

Spielauswahl

Damit ein Spiel möglichst allen Spaß macht, sind bei der Auswahl folgende Kriterien zu beachten:

- *Alter und Entwicklungsstadium:* Im Konfi-Alter sind viele ablehnend gegenüber »Kinderspielen«, die von Kindergeburtstagen bekannt sind (Reise nach Jerusalem u. Ä.). Gleichzeitig herrschen durch die Pubertät Hemmungen bei allzu bewusstem Körperkontakt (sich z.B. zu zweit gegenüberzustellen und an den Händen zu fassen kann schnell peinlich sein und Widerstand hervorrufen. Dagegen als Gruppe gemeinsam auf

Teppichfliesen einen imaginären Fluss zu überqueren, wobei man sich gegenseitig helfen und anfassen wird; das ist ein Körperkontakt, der leichter akzeptiert wird).

- *Gruppenphase:* Wie gut kennen sich die Mitspielenden, haben sie grundsätzlich Vertrauen zueinander, sind sie konflikterprobt?
- *Gruppenzusammensetzung* (z.B. Diversität, Gruppenrollen): Das Prinzip der Chancengleichheit im Spiel muss gewahrt sein. Niemand darf aufgrund von Einschränkungen benachteiligt sein oder blamiert werden.
- *Anzahl der Spielteilnehmenden:* Manche Spiele machen erst Spaß ab 10 Personen, manche funktionieren nur in 4er-Gruppen usw.
- *Kenntnis des Spiels:* Ein Spiel wählen, das die Leitenden selbst schon einmal gespielt haben, d.h. dessen Regeln, Tücken, Hemmungen, Varianten usw. ich kenne. Ein Spiel aus Spiellust und aus dem Herzen anzuleiten ist motivierender, als es von einer Karteikarte abzulesen. Ggf. mit den Teamer*innen vorher einmal spielen.
- *Handlungs- und Entscheidungsmöglichkeiten:* Gewisse Freiheiten im Spiel lassen, z.B. freie Entscheidung zur »Rollenwahl« im Spiel, den Prozess laufen lassen, Gruppe oder Teilteams fällen eigene Entscheidung über den nächsten Schritt.
- *Beteiligung:* Alle Konfis müssen beteiligt sein können (niemand wird gezwungen). Ausschlussspiele werden schnell langweilig für diejenigen, die in der ersten Runde ausscheiden. Wenn diejenigen wiederholt ausscheiden, die am wenigsten geschickt/schnell/klug/kräftig sind oder »immer die Gleichen«, werden sie zudem bloßgestellt, was zu vermeiden ist.
- *Zeitpunkt und Spielort:* Beides passend zum Spiel wählen.

Am besten werden Spiele so ausgewählt, dass keine Konkurrenz, Leistungsgedanken oder Blamagen entstehen (z.B. gibt es keine Belohnung nur für eine Untergruppe).

Spielvorbereitung

Wenn das Spiel erklärt ist und alle motiviert sind, muss es gleich losgehen. Deshalb ist eine gute Vorbereitung nötig:

- Das Spielmaterial wird in passender Anzahl vorbereitet und bereitgelegt (z.B. 18 Papierschnipsel sind als Gruppenlose schon zugeschnitten, 20 Kärtchen sortiert nach 4 Farben, die Seile sind bereits entwirrt, die Tücher zum Augenverbinden bereitgelegt).
- Wenn das Spiel neu ist, übt das Team das Spiel, bis alle sich in der Anleitung und Durchführung sicher fühlen.
- Eine Geschichte als spannender oder lustiger Einstieg oder als Einführung ins Thema wird erfunden.
- Der Spielort wird geklärt: Wo ist der Spielraum? Müssen überflüssige Gegenstände entfernt werden? Wo sind die Grenzen?
- Es wird geklärt, ob die räumliche Atmosphäre, das Licht, die Möbel zum Spiel passen. Ggf. wird nachgebessert und angepasst.
- Ein »Plan B« wird zurechtgelegt, falls Unerwartetes geschieht (heute ist die Hälfte der Gruppe auf Klassenfahrt, es regnet in Strömen, Lina hat ein gebrochenes Bein o.Ä.).

Spielanleitung

- Vorab klärt das Team, wer welches Spiel am besten kennt und deshalb anleitet.
- Es wird für Aufmerksamkeit für die Spielanleitung gesorgt.
- Das gesamte Team zeigt eigene Spiellust und Spielfreude.
- Das Thema, der Sinn, die Spielaufgabe werden kurz erzählt.
- Die Spielregeln werden kurz und prägnant erklärt, möglichst mit eigenen Worten und nicht abgelesen. Spielregeln am besten schrittweise im Spielverlauf erklären.
- Alle Spiel-Rollen werden als notwendig und lohnend dargestellt.

- Es wird klar angesagt, was jede*r darf und was nicht erlaubt ist.
- Oft hilft es, etwas aus der Rolle eines Mitspielenden vorzumachen.
- Eine Rückfrage, ob alle die Regeln verstanden haben, schafft Klarheit.
- Die Leitung lässt sich nicht auf Diskussionen über die Regeln ein. Es gibt viele Spiele, die mit unterschiedlichen Regel-Varianten kursieren. Die Verantwortlichen entscheiden, welche Regeln heute gelten.
- Niemals Mannschaften wählen lassen, damit nicht die Erfahrung wiederholt wird, dass eine*r immer der*die Letzte ist. Stattdessen unterschiedliche Methoden zur Kleingruppeneinteilung wählen.

Spielraum für Prozessorientierung und Veränderungen im Verlauf

Die Spielleitung bringt Planungs,- Handlungs- und Reflexionsfähigkeit mit. Im Spiel (wie in jeder Konfi-Einheit) kann Unerwartetes passieren, auf das die Spielleitung flexibel und angemessen reagieren muss. Wer als Spielanleiter*in die Gruppe beobachtet, achtet z.B. darauf, wer welche Rolle einnimmt (Held*in, Sündenbock, Clown*in) und ob sich das hinderlich oder förderlich auf den Spielprozess auswirkt. Die Leitung kann mit einer Regeländerung reagieren. Sie hilft, die Spielfreude zu erhalten, z.B. wenn es zu leicht oder zu schwer wird, wenn nichts Neues mehr passiert, wenn die Gruppe gelangweilt wirkt, wenn das Spielziel unerreichbar scheint. Eine spontane zusätzliche Regel gibt mehr Einschränkung oder mehr Freiheit, z.B.:

- Das Spielmaterial wechselt (statt eines Balls sind es nun drei Bälle, zu den Seilen kommt ein Brett dazu, ein Requisit wird entfernt).

- Die Hälfte der Gruppe wird ab jetzt stumm sein (einzelne anticken).
- Zwei Teams spielen ab nun als Großgruppe gemeinsam.
- Wer aus dem Spiel geht, bekommt eine Beobachtungsaufgabe.

Nach dem Spiel reflektiert die Gruppe darüber, was sie erlebt und beobachtet hat.

Eigene Spielekartei

Für den abwechslungsreichen und passenden Einsatz von Spielen ist es am besten, sich eine eigene Spielekartei anzulegen. Darin befinden sich Beschreibungen der Spiele, die mit Konfis erprobt und bewährt sind, ergänzt um eigene Spielvarianten, inhaltlichen Einsatz, Tipps und Tricks für ein nächstes Mal. Wer ein neues Spiel kennenlernt, ergänzt die Kartei (siehe Kap 14: Organisatorisches).

9.4 Spiele verschiedener Kategorien

Spiele zu unterschiedlichen Gruppenphasen, Anlässen und Einsatzmöglichkeiten finden sich in unzähligen Spielekarteien und Spielebüchern. Hier zeigen wir beispielhaft einige Spiele unterschiedlicher Kategorien, die in Verbindung mit Konfi-Themen und Konfi-Inhalten gut geeignet sind und die sich für die Auseinandersetzung mit verschiedenen Themen eignen (siehe Kap 10: Kreative Methoden).

Mehr lesen

Spielesammlungen, die für Konfi-Arbeit gut geeignet sind:

- Baer, Ulrich: 666 Spiele: für jede Gruppe, für alle Situationen, Stuttgart 2009
- Junge Nordkirche, Zentrum für Kinder, Jugendliche und junge Erwachsene der Evangelisch-Lutherischen Kirche in Norddeutschland: Koppelsberger Spielekartei, Abrufdatum: 6.10.2022, https://koppelsberger-spielekartei.de/home
- Fachausschuss Erlebnispädagogik ejw: Sinn gesucht, Gott erfahren. Erlebnispädagogik im christlichen Kontext, 3. Aufl., Stuttgart 2014
- Schwaderer, Ulrich / Wiedmayer, Jörg / Wöhrbach, Simon (Hg.): Sinn gesucht, Gott erfahren. Erlebnispädagogik in zeitbegrenzten Räumen mit christlichem Kontext, Stuttgart 2018
- Ebinger, Thomas / Haller, Judith / Sohn, Stephan: Toolpool. 200 bewährte und neue Methoden für die Konfi- und Jugendarbeit, Stuttgart 2021
- Franke, Rainer / Thiele-Petersen, Astrid: Das Neue TeamerHandBuch. Für Ehrenamtliche in der Konfirmandenarbeit, 3. Aufl., Gütersloh 2022, S. 55-84
- Müller, Ingo / Nöh, Timo / Sander, Simon / Stöhr, Michael: Der geheimnisvolle Raum. 7 live Escape games zur Bibel, 2.Aufl., Stuttgart 2017

9.4.1 Kennenlernen

Ich bin der*die Einzige, der*die ...

- *Idee/Ziel:* Kennenlernen von Namen und Persönlichkeiten. Jede*r in dieser Gruppe ist etwas Besonderes, keine*r ist wie der*die andere. Gott hat uns alle wunderbar einzigartig gemacht (Ps 139,14).

- *Ablauf:* Stuhlkreis, alle stehen vor ihrem Stuhl. Eine beginnt und sagt: »Ich heiße … und ich bin die Einzige unter uns hier, die … (z.B. Saxophon spielt, eine Katze hat …).« Alle, auf die das nicht zutrifft, setzen sich hin. Wenn noch jemand steht (der z.B. Saxophon spielt), kommt etwas Neues hinzu: Ich bin die Einzige, die Saxophon spielt *und* 7 Geschwister hat. Wenn eine alleine steht, wird sie beklatscht und es geht wieder weiter.

Ich heiße … und ich mag …

- *Idee/Ziel:* Namen und Eigenschaften, Lieblingssachen, Hobbies o.Ä. kennenlernen, übliche Sitzreihenfolge durcheinanderbringen, Gemeinsamkeiten entdecken.
  Je mehr Variationen es gibt, desto mehr wird der Gedanke gestärkt, wirkliche Gemeinsamkeiten zu entdecken.
- *Ablauf:* Stuhlkreis, ein Stuhl weniger als Personen. Eine*r steht in der Mitte und sagt: »Ich heiße … und ich mag gerne … (z.B. im Bett liegen und lesen).« Alle, die das gerne mögen, stehen auf, suchen sich einen neuen Platz im Stuhlkreis. Dabei gilt die Regel: nicht auf denselben Platz zurück und nicht einfach auf den Nebenstuhl rutschen. Wer keinen Platz bekommt, steht in der Mitte und sagt: »Ich heiße … und mag gerne …«
- *Variationen:* Damit es nicht zu oberflächlich oder langweilig wird, weil sowieso alle Pizza mögen, kann man vorgeben, worum es gehen soll: Eigenschaften (ich bin …. z.B. humorvoll, nachtragend, leicht eifersüchtig, lustig), Fähigkeiten (ich kann gut … z.B. Fußballspielen, Handstand, …), Grenzen (ich kann gar nicht gut … singen, mich bei Hausaufgaben konzentrieren), ich habe schon mal … gemacht (z.B. … eine Reise nach Australien gemacht, einen Autoreifen gewechselt, …), ich habe noch nie … gemacht (z.B. auf der Bühne gestanden, einen Witz erzählt, einen Preis gewonnen).

Gemeinsam und Verschieden

- *Idee/Ziel:* Gemeinsamkeiten und Unterschiede kennenlernen.
- *Ablauf:* Vierergruppen bilden. Die Aufgabe ist, möglichst viele Gemeinsamkeiten zu finden (z.B. alle spielen ein Instrument, alle wohnen im selben Stadtteil, alle sind Einzelkind, …). In den Gruppen wird festgehalten, was alle gemeinsam haben und was die Einzelnen nur für sich haben. Im Plenum stellt jede*r einen Aspekt vor, den nur er*sie allein besitzt und die Kleingruppe stellt alle Aspekte vor, die sie gemeinsam hat.

9.4.2 Spiele als Einstieg in biblische Themen

Bibelaufschlagen »Auf den Tisch des Hauses«

- *Idee/Ziel:* Üben, Bibelstellen zu finden; Teamarbeit, Bewegung
- *Ablauf:* Eine Bibelstelle und ein Anfangsbuchstabe werden angesagt: z.B. »Matthäus 5,13 + S«. In Kleingruppen wird die Bibelstelle aufgeschlagen und der Gegenstand mit dem Anfangsbuchstaben im Vers gesucht (»Salz«). Wer den Gegenstand kennt, stürmt los, sucht ihn im Haus und bringt ihn »auf den Tisch des Hauses« in die Raummitte. Die Gruppe, die zuerst da ist, bekommt einen Punkt.

Black Bible-Stories

- *Idee/Ziel:* Auf spannende Weise eine neue Bibelgeschichte kennenlernen.
- *Ablauf:* Die Leitung erzählt einen (rätselhaften) Ausschnitt einer Bibelgeschichte. Nun müssen die Konfis durch Fragen, die mit »Ja« oder »Nein« zu beantworten sind, allmählich herausfinden, was damals passiert ist, und sich so die Geschichte erarbeiten.

Wenn es zu lange dauert, kann man kleine Hinweise geben. Wer von den Konfis die Geschichte schon kennt, schweigt.

- *Beispiel:* Ein Mann und eine Frau sind allein auf einem Platz. Um sie herum liegen viele Steine. Was ist passiert?
- *Lösung:* Jesus und die »Ehebrecherin« (Joh 8)

»Wer bin ich?« (Personen/Begriffe raten)

- *Idee/Ziel:* Über Fragen herausfinden, wer oder was jemand ist. Es kann um biblische Figuren oder ganze Themenfelder gehen (Kirchenjahr: »Advent«, »Ostern«, »Erntedank« … / Kirchraum: »Altar«, »Kanzel«, »Kerze« … / Gottesdienst: »Kyrie«, »Vaterunser« …). Die Personen oder Dinge müssen schon grundsätzlich bekannt sein. Die Übung ist also als Abschluss einer Einheit geeignet.
- *Ablauf:* Alle bekommen ein Blatt Papier auf den Rücken mit einem Namen oder Begriff, den vorher nicht gesehen haben und nun erraten sollen, indem sie nach und nach einer*einem anderen Konfi eine Frage stellen. Es sind nur Fragen zugelassen, die mit Ja oder Nein beantwortet werden können. Nach jeder Frage trennen sich die Paare wieder und suchen sich eine*n nächsten Konfi. Wer herausgefunden hat, wer er ist, geht still an den Rand, kann aber weiter befragt werden.

Mehr lesen

– RPI Loccum (Hg.): Loccumer Pelikan. Religionspädagogisches Magazin für Schule und Gemeinde, Ausgabe 4/2020 zum Thema »Spiel« mit vielen Anregungen und Bausteinen

10 THEOLOGISIEREN MIT KONFIS: KREATIVE METHODEN

Ziel und Ansatz erfahrungsorientierter kreativer Methoden

Bei erlebnisorientierter Arbeit mit Konfis werden biblische Geschichten und religiöse Themen mit der eigenen Lebenswelt (Gefühle, Themen, Konflikte, Lebensräume) der Konfis verbunden, damit sie ein eigenes Verständnis dafür entwickeln. Die Kombination verschiedener kreativer Methoden erreicht alle Bereiche des Menschen (Bewegung, Phantasie, Handwerklich-Künstlerisches, Rollenspiel) bzw. spricht jede*n Konfi mal mit eigenen Talenten und Lust an. Alle kreativen Methoden verbindet, dass die Leitung vorher nicht weiß, was am Ende herauskommt. Sie sind prozessorientiert. Sie gehen davon aus, dass sich im spielerischen Tun Gefühle ausdrücken, Gedanken ereignen und theologische Erkenntnisse zeigen, auf die die Konfis im reinen Gespräch nicht gekommen wären.

Warm up

Damit der Einfallsreichtum richtig fließen kann, machen sich alle erst einmal locker. Aufwärmübungen kennen alle als Voraussetzung für sportliche Betätigung, das Gleiche gilt für Denk- und Kreativitätsprozesse. So werden vor jeder kreativen Methode ein bis mehrere passende Warm-up-Übungen durchgeführt. Es können kurze Spiele sein, Abklopfen des eigenen Körpers, Songs mit Bewegungen, Stimmübungen, rhythmische Schlagrufe. Sie bringen den Körper in Schwung, verbinden die beiden Gehirnhälften, dienen dem Ankommen, Abschalten, Wachwerden oder Entspannen, stärken das Gemeinschaftsgefühl, wecken die Lust am Tun, erweitern das Spektrum des erfinderischen Tuns und stimmen auf das Folgende ein.

Mehr lesen

- Hausy, Uwe / Hahn, Volkmar: Warm-up. Spiele und Übungen für die Gruppenarbeit. Zentrum Verkündigung der EKHN, Materialheft 103, Frankfurt, 2009 (Dies ist ein tolles Handbuch für Gruppen, mit Interaktionsspielen, Bewegung, Körper- und Präsenzübungen.)
- Ebinger, Thomas u.a.: Toolpool, S. 99ff

10.1 Darstellerische Methoden

Durch Identifikation und Auseinandersetzung mit Figuren und Symbolen einer Geschichte wird diese Verbindung geschaffen. Die Erfahrungen, die in Spielprozessen gemacht werden, dienen der Textauslegung und gleichzeitig der Selbsterkenntnis.

Darstellerische Methoden kommen in unterschiedlicher Ausprägung in verschiedenen Ansätzen vor: im Bibeltheater, Bibliolog, Bibliodrama. Eine körperorientierte Rollenarbeit oder szenische Improvisationen zu einer biblischen Geschichte können Elemente eines Bibliodramas sein oder als Hinführung in ein Bibeltheater dienen, je nach Ausrichtung der Reflexion, nach Produktcharakter oder Aufführungskontext.

10.1.1 Standbilder

Bildhauer*in

Partner*innenarbeit zu einer (gewählten oder für alle vorgegebenen) Bibelfigur: Eine*r ist Bildhauer, eine*r Ton. Der*die Bildhauer*in baut den Ton zu einem Standbild so, wie er*sie die Bibelfigur sieht. Die Skulptur wird im Anschluss gefragt, wie sie sich fühlt (Was drückt die Körperhaltung aus?).

Figurenstatue

Jede*r wählt eine Figur aus (verschiedenen Stadien) der Geschichte. Nacheinander bauen sie sich als einzelne Statuen zu einem Gesamtbild auf. Jede*r sagt einen Satz über sich.

Themen-Standbild

Zu einem abstrakten Thema (Gerechtigkeit, Vergebung, Hoffnung) bauen sich die Konfis nacheinander auf: Eine*r stellt sich hin, die Nächste guckt sich das Bild an und stellt sich dazu, sodass eine Situation im Raum entsteht. Nach und nach stehen alle Konfis im Standbild. Die Leitung tickt jede Person einzeln an, die aus der Rolle heraus etwa dazu sagt: Was bewegt mich, wie geht es mir? Dabei kann die Leitung auf Nähe, Blickrichtung, Ebenen achten und entsprechende Fragen stellen.

Stop and move

Alle Konfis stellen einen bemerkenswerten Moment der Geschichte als Standbild. Von da aus improvisieren sie eine bewegte Szene und enden in neuem Standbild.

10.1.2 Elemente aus dem Bibliodrama

Wort und Geste

Die Konfis wählen je ein Wort aus dem Text, das sie anspricht (freut, ärgert, berührt, unverständlich ist, ...). Für dieses Wort finden sie eine eigene Geste, die die Stimmung, Atmosphäre, das Motiv des Wortes ausdrückt. Dabei geht es nicht darum, diesen Begriff pantomimisch darzustellen, also das Wort zu illustrieren. Es geht um einen körpersprachlichen Ausdruck, der die Atmosphäre oder das eigene Gefühl zeigt. Z.B., wenn jemand *Trauer* wählt, ist nicht die Idee, mit einem imaginären Taschentuch imaginäre Tränen abzuwischen. Konfi ist vielmehr gefragt, eine Haltung von Traurigkeit einzunehmen, z.B. hängende Schultern, Zusammenbruch am Boden oder verzweifelt die Arme in den Himmel recken. Das ist aussagekräftiger als eine klischeehafte Abbildung. Im Kreis stellt jede*r seine Geste vor, alle übernehmen sie und machen sie nach. Der Text als Ganzes wird gelesen, alle bewegen sich mit den gefundenen Gesten dazu.

Bibelgeschichte nacherleben

Einzelne Situationen aus dem Text werden nacherlebt. Dabei gibt es keine Rollenverteilung und Dialoge, sondern alle bekommen die Möglichkeit, sich in jede Figur hineinzuversetzen.

- *Beispiel:* Jesus und die »Ehebrecherin« (Joh 8)
  Jemand aus dem Team liest die Geschichte vor und stoppt an bedeutsamen Stellen. Hier werden die Konfis eingeladen, sich alle gleichzeitig in die entsprechende Person hineinzuversetzen und sie in einer Position und Körperhaltung auszudrücken. Die Leitung kann einzelne Konfis bitten, einen Satz aus der Rolle heraus zu sagen, wie sie sich fühlt oder welche Gedanken ihr durch den Kopf gehen.

- *Beispiele für Personen*: In welcher Haltung steht die Frau in der Mitte? Wer sind die Leute im Volk, die dabei sind? Wie stehen die Menschen mit dem Stein in der Hand da? Jede*r Konfi findet einen eigenen Ausdruck dafür und sagt etwas aus der Rolle heraus.

Interviews von Bibelfiguren
Figuren aus einer Geschichte (das können ggf. fiktive Figuren sein) werden auf Stühlen platziert. Rollennamensschilder stehen vor den Stühlen. Ein*e Interviewer*in geht herum und stellt Fragen nach ihrem Verhalten, nach Gefühlen, Wünschen, Träumen, Botschaften.

Rollen-Befragungen (vereinfachte Form von Bibliolog)
Ein Bibeltext wird versweise gelesen. Alle versetzen sich in eine Rolle hinein (»ihr seid jetzt Petrus«) und werden nach ihren Gefühlen und Gedanken in dieser Situation gefragt (»Petrus, was ging in dir vor, als du im See versunken bist?«). Wer möchte, antwortet aus der Rolle heraus; verschiedene Aussagen kommen direkt nacheinander. Nach und nach versetzen sich die Konfis in alle Rollen der Geschichte und können selbst Fragen stellen.

10.1.3 Rollenspiel-Ideen

Freeze
Verschiedene Rollen einer Bibelgeschichte werden an die Konfis verteilt. Alle spielen die Geschichte zunächst nur nach. Zwischendurch wird immer wieder gestoppt: Es frieren alle ein und werden als Konfis mit dieser Rolle befragt: Wie geht es dir jetzt? Warum bist du hier? Was wünschst du dir?

Begegnungen

Zwei Figuren aus einer Geschichte treffen sich und reden miteinander (über den Bibeltext hinaus): Was haben sie sich zu sagen? Wo sind Meinungsverschiedenheiten? Gibt es gemeinsame Themen im Leben?

Gruppen-Improvisation

Jede*r wählt sich eine Rolle, stellt sich mit einer besonderen Bewegungsart vor und endet in einer Statue. Von da aus beginnt ein freies Gruppenspiel, das zwischen den Zeilen spielt.

Damals + Heute

Eine Geschichte wird zunächst auf der Damals-Ebene gespielt. Die Konfis werden gefragt: Was ist für euch das Thema oder die Botschaft der Geschichte? Welche Situation aus eurem Leben kennt ihr, die dazu passt? Die Geschichte wird noch einmal gespielt und dabei auf heute übertragen. Nun spielt eine solche Geschichte plötzlich z.B. auf dem Schulhof, auf der Party, im Einkaufszentrum.

Anregungen für Fragen nach dem Spielen:

- Was habe ich in dieser Übung über die Bibelfigur erfahren?
- Was verbindet mich mit oder trennt mich von der Bibelfigur?
- Was ärgert mich an ihr, was bewundere ich?

10.2 Gestalterische Methoden

Gestalterische Methoden wie Freies Malen, Objekt- oder Erlebnisraum-Gestaltung sprechen andere Menschen und andere Wahrnehmungsebenen an als darstellerische Methoden. Die Anmoderation erklärt vorab, dass es nicht um Kunst-Fertigkeit geht (»Ich kann aber nicht malen«, »Basteln finde ich doof«), deshalb lieber das Wort »Gestalten« statt »Basteln« nutzen. Während des Gestaltungsprozesses geschieht die innere Auseinandersetzung. Im anschließenden Plenum bewerten wir die Produkte nicht, sondern betrachten sie wohlwollend, diskutieren sie und stellen sie vielleicht im Gemeindehaus aus (siehe Kap 12: Präsentation, Auswertung, Feedback).

Vorübung zu Freiem Malen

Zu vorgegebenen Gefühlen (Wut, Angst, Liebe) sucht sich jede*r eine(!) Farbe Wachsmalkreide aus und malt damit auf ein Din-A4-Blatt. Dies soll keine Szene oder Symbol sein, sondern einfach eine abstrakte Form, die das Gefühl ausdrückt.

Freies Malen

Nach dem Lesen oder Spielen einer Bibelgeschichte malt jede*r mit freier Farbwahl ein abstraktes Bild zu der Stimmung einer Bibelfigur oder eines Motivs (z.B. Vertrauen in Ps 23). Eine wichtige Form kann hinterher mit einer anderen Farbe verstärkt werden. Jede*r gibt dem eigenen Bild einen Titel.

Übermalung

Ein klassisches Bild einer biblischen Szene (z.B. Leonardos Abendmahl) wird auf ein Din-A3-Blatt schwarz-weiß kopiert. Das Bild wird mit eigenen Gedanken-Spuren zum Thema übermalt. Dabei werden Teile verstärkt, ergänzt, kaschiert oder hervorgehoben.

Gruppenbild-Maldialog

Alle sitzen um ein großes Stellwand Papier herum. Zu einem Thema (z.B. Frieden) entsteht ohne Worte ein Maldialog. Jemand beginnt an einer Stelle, die Nächste ergänzt usw.

Bibelspruch im Schuhkarton

In einem leeren Schuhkarton wird ein Bibelvers (z.B. der Konfirmationsspruch oder ein Psalmwort) wie ein Bühnenbild gestaltet. Zur Verfügung stehen viele neutrale Materialien (Stoff, Steine, bunter Tonkarton, Korken, Styropor, Holzstücke, Wolle).
Diese Materialien ermöglichen freies intuitives Gestalten, ohne durch klischeehafte Symbolik auf eine Deutung festzulegen.

Kunstobjekt

Mit drei einfachen vorgegebenen Materialien (möglichst neutral und formbar, z.B. weißes Papier – roter Faden – Pappe oder Packpapier – Holzkugel – Knete) wird zum Thema (z.B. mein Glaube) ein abstraktes Kunstobjekt gestaltet. Es geht nicht darum, eine Situation darzustellen, in der Glaube eine Rolle spielt, sondern um den Ausdruck, die Stimmung, Besonderheit, was Glaube ausmacht (z.B. Glaube trägt, Behütetsein, mein Weg zu Gott).

Gruppenkunstwerk

Alle gestalten gemeinsam ein großes Kunstobjekt zu einem Thema. Dabei kann man in folgenden Schritten vorgehen: Aussage überlegen – passendes Material dazu finden – Skizzen/Modelle zeichnen – austauschen und entscheiden – bauen – Titel finden. Das Kunstwerk kann in der Kirche ausgestellt und in einem Gottesdienst mit Predigt-Gedanken präsentiert werden.

Themenkisten

Passend zum Thema werden Szenarien in Umzugskartons erstellt. Für die Ausgestaltung werden allerhand Materialien zur Verfügung gestellt (keine Sorge, sie sind wiederverwendbar): Legosteine, Playmobil-Zubehör, Pappteller, Glitzerstifte, Schlafmasken, Knicklichter, Propeller. Sie passen nicht »automatisch« zum Thema. Im

Gegenteil, je skurriler das Angebot auf den ersten Blick scheint, desto besser. Sie sollen ein breites Spektrum an Deutungsebenen anbieten wie Licht und Dunkel, Kraft und Harmonie, Zerstörerisches und Heilendes.

Erlebnisraumgestaltung
Die Konfis gestalten in Kleingruppen je einen begehbaren Ort, der das Thema (z.B. Glaubensbekenntnis, Gott-Jesus-Heilige Geistkraft oder Karfreitag und Ostern) erfahrbar macht. Benutzen darf man alles, was man im Haus vorfindet (Regel: nichts zerstören und hinterher alles wieder zurückbringen). Alle besuchen nacheinander einzeln oder als Gruppe die Räume und hinterlassen ihre Eindrücke auf Zetteln.

10.3 Kooperative Methoden

Durch das gemeinsame intensive Erleben von kooperativen Methoden (nicht-alltäglichen Aufgaben, die in der Gruppe zu lösen sind) werden Körper, Geist und Seele der Teilnehmer*innen gleichermaßen gefordert. Die Konfis geraten in Bewegung, treten miteinander in Beziehung und wachsen über sich hinaus. Beim gemeinsamen Reflektieren sprechen viele Konfis neue, tiefsinnige Erkenntnisse aus, die direkt Auswirkungen auf das Leben haben können.[37]

Bei jeder kooperativen Methode ist zu bedenken:

- Draußen wirken die Methoden am intensivsten. Alle können zu Beginn einer Konfi-Einheit rausgehen, einen Ortswechsel in die Einheit integrieren, oder die ganze Konfi-Einheit findet draußen statt.

- In der Vorbereitung ist in allen Einzelheiten auf Sicherheit zu achten, d.h. es werden die Umgebung, der Untergrund, die Materialien, der Ablauf gecheckt. Gemeinsam mit den Konfis werden die Regeln besprochen, die für die Gruppe gelten (z.B. nicht vordrängeln, niemanden abhängen, Bescheid geben, wenn …). Die Konfis werden explizit darauf aufmerksam gemacht, dass sie auch selbst auf Sicherheit achten.
- Ebenfalls während der Durchführung auf die Sicherheit achten. Z.B. kann ein plötzliches Gewitter Methoden am und mit Wasser unmöglich machen, oder es stellt sich ein Materialfehler an einem Seil heraus. Daher ausreichend Ersatzmaterial und eine Erste-Hilfe-Tasche mitnehmen.
- Die Übung wird erklärt und das Material zur Verfügung gestellt. Die Aufgabe wird erzählerisch eingeleitet, wie sie inhaltlich zu dem derzeitigen Konfi-Thema passt, z.B.: »Ihr seid auf dem Rückweg einer Friedensmission. Die Brücke, über die ihr gekommen seid, ist zusammengebrochen. Übrig geblieben sind diese drei Brückenteile (z.B. Bretter, Zeitungspapiere, Handtücher …). Nun müsst ihr ALLE trockenen Fußes über den Fluss, um …«
- Grundsätzlich ist das Mitmachen freiwillig. Die Konfis werden eingeladen und motiviert, nicht gezwungen. Unter Druck werden die Sicherheit gefährdet und Lernen verhindert (am besten lernen Menschen, wenn sie zwar ihre Komfortzone verlassen, jedoch nicht in Panik geraten).
- Den Konfis wird der Prozess der Aufgabenlösung zugetraut (zugleich spielerisch und mit einer gewissen Ernsthaftigkeit). Es darf gelacht, ausprobiert, getüftelt, noch mal probiert werden. Während des Prozesses kann die Leitung eine weitere Regel hinzufügen, die die Herausforderung schwerer macht, oder eine Regel aufheben, wenn die Aufgabe nicht schaffbar und deshalb frustrierend ist.

- Im Anschluss wird erzählt und reflektiert: »Was war einfach für dich, was ist euch schwergefallen? Was hat am meisten zur Lösung beigetragen? Welche Entscheidung hat euch geholfen? Wo ist Gott in diesem Prozess zu finden? Welche Situationen in der Schule oder beim Fußball sind ähnlich? Welche von euren heutigen Erkenntnissen würden dir da helfen? Welche Körpersignale hast du in der Gruppe wahrgenommen?«
- Wenn die Konfis den Wunsch äußern oder die Leitung es als dienlich ansieht, kann die Aufgabe mit den neuen Erkenntnissen noch einmal gelöst oder eine weiterführende Herausforderung gestellt werden: »Nun seid ihr alle heil und sicher am anderen Flussufer angekommen – doch schon stellen sich die nächsten Schwierigkeiten ein …«
- Je vertrauter die Konfis in der Gruppe miteinander sind, desto differenzierter nehmen sie die Einzelnen, die Prozesse und sich wahr. Die Aufgabe der Moderation ist es, die Gespräche in einer friedlichen, humorvollen und warmherzigen Atmosphäre zu leiten, gerade wenn es Konflikte gab, gegenseitige Schuldzuweisungen, vermeintliche Fehler u.Ä.
- Dadurch, dass in solchen Methoden spielerisch Lebenssituationen ausprobiert und reflektiert werden, können bei einzelnen Konfis Seelsorgesituationen entstehen. Dies ist im Blick zu behalten und ggf. im Nachhinein aufzugreifen.
- Die Aufgaben werden aktiv und für alle sichtbar beendet, damit die Erfahrungs-Situation in der Seele abgeschlossen werden kann. Das kann ein gemeinsames »Abschütteln« sein, ein Gebet, ein Energizer, ein »Schlachtruf«. Richtig gut ist, wenn es im Anschluss die Möglichkeit zu einer Verschnaufpause mit einer Stärkung gibt.

Das Blatt wenden

- *Mögliche Story:* Die Freund*innen von Jesus sind mal wieder auf dem See Genezareth unterwegs. Doch ihr kleines Fischerboot hat ein Leck. Um euch zu retten, müsst ihr das Boot umdrehen. Leider könnt ihr nicht schwimmen. Deshalb müssen immer alle Füße auf dem Boot bleiben.
- *Die Aufgabe:* Ein Duschvorhang, eine Decke oder ein großes Blatt Papier liegt auf dem Boden. Alle Konfis (entweder als Großgruppe oder in Kleingruppen) stehen darauf. Nun wenden sie das Blatt, die Decke, den Duschvorhang, ohne dass jemand daneben tritt.

Zollstock gemeinsam hinlegen

- *Mögliche Story:* Die große Kathedrale Heiligenhallen steht kurz vor dem Abschluss. Es soll nur noch eine Zierleiste auf das Dach gesetzt werden. Die Zierleiste ist kostbar und leicht zerbrechlich. Damit sie heil und sicher aufgesetzt wird, nutzt euer Fingerspitzengefühl.
- *Die Aufgabe:* Ein Zollstock wird komplett ausgeklappt. Die Konfis stellen sich in zwei Reihen einander gegenüber auf und strecken ihre Zeigefinger aus. Alle Zeigefinger sind nebeneinander auf der gleichen Höhe. Der Zollstock wird waagerecht auf alle Finger gelegt. Alle Zeigefinger müssen durchgängig Kontakt zum Zollstock haben. Nun wird der Zollstock gemeinsam auf dem Boden abgelegt – nicht wundern, der Zollstock wird erst einmal in die Höhe wandern. Bei großen Gruppen können natürlich mehrere Teilgruppen & Zollstöcke zum Einsatz kommen. Als Variante kann ein Bambusstab genutzt werden. Das ist etwas schwieriger, weil er auf den Fingern hin und her rollt.

Hindernisparcours

- *Mögliche Story:* Paulus schreibt lauter Briefe an die Gemeinden, um ihnen von Jesus und Gott zu erzählen. Die Briefe werden von Boten zu den Gemeinden gebracht. Doch es ist gefährlich – überall lauern Menschen den neuen Christ*innen auf. Deshalb laufen die Boten vor allem nachts und überwinden schreckliche Gefahren.
- *Die Aufgabe:* Auf einem Spielfeld ist ein Hindernisparcours aufgebaut. Am Start wird einer Person die Augen verbunden. Am Ziel steht eine andere Person, die sehen kann. Nur mit der Stimme wird nun der*die »verdunkelte« Konfi durch den Parcours gelotst. Diese Aufgabe eignet sich als eine Station während eines Stationslaufes, wird parallel von mehreren gemacht oder nur in kleinen Gruppen durchgeführt – es ist sonst zu langweilig, wenn zu viele darauf warten, dranzukommen.

Transportband

- *Mögliche Story:* Seit jeher versuchen Christ*innen, denen zu helfen, die in Not sind. Dafür sammeln sie Spenden ein. Nun ist wieder eine neue Ladung Spenden auf einen LKW zu verfrachten. Da es sich um verderbliche Ware handelt, muss es richtig fix gehen.
- *Die Aufgabe:* Die Konfis bilden zwei Reihen, je zwei Konfis stehen sich gegenüber. Sie spannen zwischen sich ein (Geschirr-) Handtuch auf, indem sie es an den Ecken anfassen. Es entsteht ein »Geschirrhandtuch-Transportband«. Die Spielleitung gibt nun verschiedenste Gegenstände (unzerbrechlich: z.B. Bälle verschiedener Größe, Schwämme, Kartons, Bibeln, Kerzen, Verbandszeug) in das erste Handtuch. Die Konfis müssen diese Gegenstände von Handtuch zu Handtuch weitergeben, bis alle Gegenstände am anderen Ende angekommen sind.

Roboterspiel

- *Mögliche Story*: Immer wieder hören wir von der Entwicklung der »künstlichen Intelligenz«. Kann sie Menschen unterstützen, gar ersetzen? Welche Gefahren sind damit verbunden? Als die Roboter laufen lernten, waren sie noch ganz einfach zu handhaben – schon das brachte die Menschen ins Schwitzen.
- *Die Aufgabe:* Die Konfis tun sich in Gruppen zu dritt zusammen. Zwei stellen sich Rücken an Rücken. Sie sind Roboter. Sie können nur geradeaus laufen. Steht ein Hindernis im Weg, gehen sie nur noch auf der Stelle weiter. Der*die dritte Konfi ist der*die Mechaniker*in. Er*sie kann die Roboter jeweils um eine Vierteldrehung nach links oder nach rechts drehen, damit sie weiterlaufen können. Ziel ist es, dass die beiden Roboter face to face gegenüberstehen und zum Halt kommen.

10.4 Digitale Methoden

Die JIM-Studie 2021 (Jugend, Information, Medien) bestätigt den Trend der vorhergehenden Jahre: Die meisten Familienhaushalte sind technisch breit aufgestellt und 94 % der 12–13-Jährigen, 90 % der 13–14-Jährigen besitzen ein Smartphone, mit dem sie kommunizieren, Filme gucken, sich inszenieren, spielen.[38]

Das große Plus für die Konfi-Zeit: Wenn digitale Methoden zur Erforschung von Texten der Bibel, Traditionen und Themen genutzt werden, werden die Ergebnisse oft anderen gezeigt und sind noch Jahre später auf den Handys der jungen Menschen zu finden. Schließlich entstehen wahre Kunstwerke!

Voraussetzungen

Wenn in der Konfi-Zeit z.B. Messengerdienste genutzt oder Apps heruntergeladen werden sollen, werden die Eltern vorher entsprechend informiert und ihr Einverständnis eingeholt. Auf einem Info-Abend zu Beginn der Konfi-Zeit werden Dienste und Apps vorgestellt, Datenschutzkonformität erläutert bzw. auf die Risiken hingewiesen und der Grund für deren Nutzung erklärt. Eltern schätzen Transparenz und Beteiligung an Entscheidungen. Natürlich ist zu respektieren, wenn Eltern für ihr Kind (noch) kein Smartphone angeschafft haben oder der Nutzung bestimmter Dienste nicht zustimmen. Damit deshalb niemand Nachteile erlebt, sind digitale Methoden auszuwählen, die in Kleingruppen gelöst werden. Allerdings greifen viele Eltern ebenfalls gerne auf das Angebot zurück, über einen Messengerdienst Kontakt halten zu können. Es erleichtert ihnen die Kommunikation mit dem Leitungsteam (siehe Kap 14.2: Kontakt halten).

Da viele Jugendliche ein geringes Datenvolumen besitzen, ist ein ausreichend starkes WLAN-Netz im Gemeindehaus und Kirche entscheidend. Andernfalls müssen Apps zu Hause heruntergeladen oder Ergebnisse der Konfi-Zeit von dort aus mit der Gruppe oder der Leitung geteilt werden. Das ist zumeist mit einigen Nachfragen bzw. »Verlusten« verbunden. Griffbereite Mehrfachsteckdosen (und möglichst Ladekabel der gängigen Smartphones) sind absolut notwendig, damit keine Bemühung daran scheitert, dass der Akkuladestand zu niedrig ist. Wer mit Direktübertragungen über Kabel (an Beamer, Laptop, Musikanlage) arbeiten möchte, testet dies vorher.

Medienkompetenz

Die digitale Welt funktioniert nach eigenen Gesetzen. Sie ermöglicht z.B. eine große Teilhabe an Wissen (»ich google mal kurz«), gleichzeitiges oder zeitversetztes Arbeiten an einem Thema von jedem Ort der Welt, schnellen Zugriff auf gesammelte Daten, papierarme Aufbewahrung von Dokumenten, Fotos und Filmen. Andererseits wissen wir inzwischen: Daten werden als »Bezahlung« für die Nutzung bestimmter Dienste abgegriffen, Nachrichten und Meinungen sind (zu) schnell in das Netz gestellt, Bilder fix manipuliert, viele Quellen kaum zu überprüfen. Was einmal im Netz geteilt wurde, ist kaum zu löschen. In der Konfi-Zeit bedeutet die Nutzung, sich zwischen (Für)Sorge und neuen Horizonten zu bewegen.[39]

Die gute Nachricht ist: Es gibt viele spannende digitale Methoden, bei denen die Risiken kaum eine Rolle spielen bzw. zu minimieren sind. Grundsätzlich ist eine gemeinsame Einleitung zu Cookie-Einstellungen, Nutzung datensicherer Apps und Messenger-Diensten klug. Die Konfis, Teamer*innen und Verantwortlichen lernen durch diese Nutzung, sich in dieser Welt zu bewegen, Tools, Programme, Apps anzuwenden und tolle Ergebnisse zu gestalten.

Die Vertiefung und der Kompetenzerwerb sind ein gemeinsamer Weg. Wer sich in diesem Bereich unsicher fühlt, aber gerne loslegen möchte, kann sich bei den Medienpädagog*innen oder Konfi-Beauftragten der jeweiligen Kirchenkreise oder Landeskirchen Unterstützung holen. Es lohnt sich, diese Möglichkeiten auszuprobieren, mit denen Konfis engagiert in die Welt der Fragen und Geschichten, die die Welt bewegen, eintauchen. Aus pädagogischer Sicht wird ausgewählt, welche Methode für welche Aufgabenstellung genutzt wird und wie analoge und digitale Möglichkeiten sich ergänzen. Die Konfis werden durch ihr Verhalten zeigen (und in Feedbackrunden hoffentlich sagen), welche Methoden sie motivieren, was ihre Energie freisetzt, womit sie nicht klarkommen, was sie langweilt, wer was gut kann.

Informationsaustausch und Beteiligung

»Ich hab' da mal eine Frage …« Messengerdienste eignen sich hervorragend zum Kontakt halten (zwischendurch und nach der Konfi-Zeit), Erinnern, Mitteilen, Umfragen starten. Damit die Zeiten nicht entgrenzt und die Erreichbarkeit überstrapaziert wird, werden mit Konfis und Teamer*innen Vereinbarungen getroffen, wann in welchem Zeitraum von wem mit einer Reaktion zu rechnen ist. Vermutlich werden Verantwortliche eher dazu neigen, Nachrichten am späteren Abend nicht mehr zu beantworten – dafür dürfen diese nicht mit Antworten im Laufe der Vormittage rechnen, wenn wahlweise Schule oder Schlafen angesagt sind. Dazwischen kann der Chatkontakt die Beziehungen untereinander vertiefen, bis hin zu Mitteilung von Sorgen und Nöten. Es bietet sich an, im Rahmen von Themen wie Ängsten, Sorgen, Trauer oder »Was macht Kirche eigentlich sonst noch so?« die Chatseelsorge zu thematisieren.[40]

Fotoaufträge

»Schnapp dir dein Smartphone …« Fotoaufträge eignen sich super zur Erarbeitung von Themen und Geschichten, z.B.

- Konfis teilen sich in Kleingruppen ein. Sie bekommen eine Bibelgeschichte, die sie miteinander durchlesen. Natürlich können sie Rückfragen stellen. Jede Kleingruppe macht 5-10 Szenenfotos, die als Fotostory die Geschichte erzählen. Damit dies zur Herausforderung wird, werden die Fotos z.B. nur mit Gegenständen aus der Küche oder Badezimmer gemacht, sollen die Konfis eigene Standbilder kreieren, gehen sie raus und arbeiten mit Naturbildern. Im Nachhinein werden die Fotos in die gewünschte Reihenfolge gebracht oder zu einer Fotocollage zusammengestellt. Per Beamer werden sie allen vorgestellt.
- Das Kreuz ist das zentrale Symbol des Christentums. Und wenn wir die Augen aufmachen, kreuzen überall verschiedenste Arten

von Kreuzen unseren Weg. Welche Gruppe findet die meisten/verschiedensten Kreuze? Macht Fotos davon.
- Wo fühlst du dich wie im Himmel? Wo begegnet dir das Böse? Wie sieht für dich Freundschaft aus? Wer findet Symbole für Nächstenliebe? Welche Wolke sieht aus wie ein Engel?

Kommen solche Aufgaben ab und zu vor, werden die Konfis stetig einfallsreicher in der Umsetzung. Damit richtig coole Fotos entstehen, werden den Konfis ein paar Tipps mitgegeben:
- Geh nahe ran an das Motiv. Probiere mehrere Fotos aus. Probiere aus, wie es wirkt, wenn du nur einen Ausschnitt in den Fokus rückst.
- Wie sieht es aus, wenn du das Motiv nicht in die Mitte des Bildes stellst, sondern etwas nach oben oder nach unten bzw. nach rechts oder links rückst? Es bekommt jeweils eine andere Wirkung.
- Viel Licht hilft viel. Wenn das gegebene Licht nicht ausreicht, können andere Konfis sicher mit der Taschenlampe der Smartphones Licht spenden.
- Fotos wirken super, wenn du in der Umgebung deines Fotos Elemente bzw. Linien hast, die nach vorne kommen oder nach hinten gehen. Dadurch entsteht eine Tiefe in den Bildern, die sie interessanter werden lassen.

Jede Aufgabenstellung kann erweitert oder ergänzt werden mit der Nutzung der Bearbeitungsmöglichkeiten auf dem Smartphone (z.B. Farbfilter, Beschriftungen, Comicstyle). Ggf. können sich die Konfis untereinander die verschiedenen Funktionen zeigen – die meisten werden sie allerdings kennen.
- *Variation:* Das Ganze funktioniert ebenso andersherum. Es werden in der Vorbereitungszeit Fotos bzw. Fotoausschnitte erstellt

(z.B. Ausschnitte verschiedenster Gegenstände der heimischen Kirche). Je skurriler die Ausschnitte wirken, desto neugieriger macht die Erkundung. Die Fotos werden über den gemeinsamen Messengerdienst verteilt und die Konfis gehen auf die Suche. Dabei entdecken sie meist vielmehr als das, was die Vorbereitenden sich überlegt haben, und ihre Fragen und Gedanken werden interessanter.

Videoclips

Bewegte Bilder faszinieren und locken zum Ausprobieren. Nach einigen Probeläufen werden eigene Interpretationen, Aktualisierungen ins Heute und besondere Blickwinkel der Konfis durch die Kamera sichtbar.

- Wie wäre es mit einem Krippenspiel als Talkshow oder in Stationen? Mit der Ostergeschichte in den Straßen der Stadt? Mit Interviews im Stadtteil »Was ist für dich Frieden«?
- Wie können Playmobil- oder Legofiguren Geschichten neu in Szene setzen? Traut sich jemand an Stopmotionfilme (dafür wird eine App benötigt)?
- Paperclipvideos bringen die Inhalte auf den Punkt und sprechen vielfältige künstlerische Fähigkeiten beim Texten, Zeichnen, Sprechen, Filmen an.
- Zu einer Kirchenführung motivieren Videoclips: Welche Bedeutung haben die einzelnen Gegenstände für dich? Welche verborgenen Ecken findest du spannend? Rück sie in »rechtes Licht« für dich.

Emoticons

Smileys werden in fast jeder Textnachricht gesetzt und unterstreichen das Geschriebene. Diese Smileys und Emoticons sind einfach und schnell einsetzbar, z.B.:

- Smileys ausdrucken, ausschneiden, laminieren und für Befindlichkeitsrunden (z.B. Begrüßungsritual) nutzen.
- Bibelgeschichten oder Psalmen werden von den Konfis in Emojis übersetzt.
- Die Teamer*innen bzw. die Leitung »übersetzen« einen bekannten Text (z.B. das Vaterunser) in Emoticons und die Konfis »übersetzen« zurück – der Text entwickelt sich dadurch weiter und integriert die Gedanken der Konfis.

(Kurz)Filme

In den Medienzentren der Landeskirchen können (Kurz-)Filme ausgeliehen und gestreamt werden. Kurzfilme bestechen dadurch, dass sie innerhalb kürzester Zeit ein Thema auf den Punkt bringen, skurrile Denkwürdigkeiten zeigen, mit überraschenden Wendungen verblüffen. Die Zeitspanne ist für Konfis gut durchzuhalten. Die Themen der Konfi-Zeit können damit begonnen oder weiter vertieft werden.

Tipps für die Vorbereitung

- Die Technik jedes Mal vorher ausprobieren: Sind alle Kabel da? Funktioniert alles (Übertragung, Lautstärke, Dateienverlauf)?
- Den Raum, in dem der Film angeschaut wird, möglichst stark abdunkeln.
- Den Abspann auslaufen lassen, er holt alle zurück in die Gegenwart.
- Vorher nicht verraten, »worum es in dem Film geht«.
- Für eine gewisse Gemütlichkeit sorgen (Sitzkissen, Süßigkeiten, Obst?).

Tipps direkt nach dem Anschauen eines Filmes

- Um direkt im Anschluss Gefühle und Gedanken zu sammeln, werden offene Fragen gestellt: »Schließe kurz die Augen und lass den Film noch mal durch deine Erinnerung gleiten. Welche Szene hat dich am meisten berührt? Schreib sie bitte auf.« Oder: »Welches Gefühl hast du jetzt? Welcher Gedanke ist dir während des Films gekommen?« Das »für sich« Aufschreiben hilft, möglichst verschiedene Gedanken zur Sprache kommen zu lassen.
- Es werden in der Vorbereitung Screenshots von den entscheidenden Szenen eines Films gemacht und ausgedruckt. Nach dem Film werden sie auf den Boden gelegt. Die Konfis erhalten Smileys oder Herzen mit Fragen wie: »Welche Szene ging dir ans Herz?« Oder: »Welche Szene ließ dich schmunzeln? Leg dein Herz auf die Szene, die dich am stärksten berührt.« Beim Betrachten der Fotos fangen Konfis an, die Story des Filmes zu rekapitulieren und so zu vertiefen.

Tipps für die Weiterarbeit

- Arbeit mit Screenshots: »Mit welcher Szene verbindest du dieses Bild? Was ist dir daran wichtig?«
- Herzensszenen: »Übersetze die Emotionen aus der Szene in Farben, Worte, Emojis. Gestalte damit eine Postkarte – wem würdest du sie schicken?«
- Lege eine Auswahl an möglicherweise passenden Bibelversen aus: »Passt einer der Verse zu der Szene?« Oder: »Welche Verse könnten zu welcher Szene passen? Was würde sich verändern, wenn die Person den Bibelvers in der Szene bekommen hätte?«
- Kleingruppenarbeit: »Welche Person wärest du gerne? Was geht in ihr vor? Stelle dir vor, sie kommt abends nach Hause und erzählt, was sie erlebt hat. Zeichne eine Person mit Denk- und Sprechblasen, in die du ihre Gefühle und Erzählungen schreibst.«

- Kleingruppenarbeit: »Wie könnte die Szene anders weitergehen? Diskutiert unterschiedliche Möglichkeiten und probt Standbilder, die ihr nachher zeigt.«
- Minigruppen: »Geht raus und macht zu zweit Fotos, die die Emotionen in dem Film für euch ausdrücken.«
- An alle: »Wo könnte Gott in dem Film sein? Woran merkst du das? Welche Erkenntnisse über Gott hast du in dem Film gewonnen?«

Weitere aktivierende Aufträge sind oft filmspezifisch, je nach Thema und Umsetzung des Filmes. Um die Konfis in Bewegung zu bringen, werden nicht die naheliegenden Themen in eine Aufgabe übersetzt, sondern möglichst etwas tricky um die Ecke gedacht.

Dokumentationen und Erinnerungen

Das Gruppengefühl verstärken, die gemeinsame Zeit feiern, über die Konfi-Zeit hinaus Erinnerungen wachhalten und zu weiteren Veranstaltungen einladen, Vorfreude auf Camps steigern, Eltern und Kirchengemeinderät*innen begeistern, den neuen Jahrgang neugierig machen, Werbung in den social media – all das können mediale Dokumentationen bewirken. Dies wird möglich, indem man selbst oder eine beauftragte Person in der gesamten Konfi-Zeit eine Kamera bereithält bzw. indem sorgfältig darauf geachtet wird, sich die Fotos und Filme der Konfi zuschicken zu lassen. Es erleichtert die Arbeit, wenn diese Fotos und Clips schon während des Verlaufs nach Highlights und Themen sortiert und einzelne aussortiert werden. Super kommen Gruppenfotos mit »in die Luft springen«, »am Strand in den Sand legen«, »alle formen mit den Händen ein Herz« etc. an. Wenn die entsprechenden Fotoerlaubnisse vorliegen, kann es losgehen, z.B. mit

- Highlightfilmen,
- Fotobooks zur Konfirmation,
- Powerpointpräsentationen,
- Clips für die social media.

Mehr lesen

- www.konfi-arbeit.de: Praxisbausteine, Literaturtipps und Veranstaltungen von der ALPIKA-Konfi-Arbeit, den Beauftragten für die Konfi-Arbeit der verschiedenen Landeskirchen.
- www.KonApp.de: eine datenschutzkonforme App der »Deutschen Bibelgesellschaft« mit Chatfunktionen, Umfragen, verschiedenen Bibelübersetzungen und mehr. Sie wird ständig weiterentwickelt.
- www.Konfiweb.de: Ein interaktives Onlinemagazin der Evangelisch-Lutherischen Kirche in Bayern: Begleitend dazu gibt es das Heft »KON-TRUST«, ein interaktiver Taschenbuch-»Guide«.
- http://neumedier.de/: Der Pfarrer und Medienpädagoge Lutz Neumeier hat viele Anleitungen und Wissenswertes rund um den Einsatz von digitalen Medien in der Konfi-Zeit zusammengestellt.

10.5 Meditative Methoden[41]

Da (nicht nur) Jugendliche ständig beschäftigt sind, sind Ruhe-Übungen bei einigen Konfis beliebt. Mit Meditationen (von lat. »meditatio«= nachdenken über oder »medio«= die Mitte) und Fantasiereisen werden viele Gefühle angesprochen und gleichzeitig die Vorstellungskraft geweckt. Bewusst eingesetzt, führen sie auf sanfte Weise inhaltlich und emotional in ein Thema ein oder zu einer eigenen Verarbeitung von Aussagen, Erlebtem und Glaubenssätzen. Während einer Meditation konzentriert sich ein Mensch auf einen Gedanken, eine Empfindung, auf den Atem oder die Körperwahrnehmung. Dadurch beruhigt sich das eigene Gedankenkarussell und es können durch die Ruhe neue Entdeckungen gemacht werden. Eine Fantasiereise ist eine stärker geführte Meditation. Sie malt eine Reise und einen Ort aus, positiv und innere Bilder weckend. Dabei lässt sie ausreichend Zwischenraum, damit die Reisenden sich den Ort auf ihre Weise ausmalen, riechen, hören, sehen und neue Details entdecken.

Allgemeines

- Am allerschönsten ist es, wenn die Leitungspersonen eine Fantasiereise oder Meditation selbst schreiben – zum einen, weil die Worte die eigenen sind, zum anderen, weil sie den Inhalt ganz genau für die jeweiligen Konfis vorbereiten. Außerdem klärt das eigene Schreiben die Gedanken und führt selbst in einen meditativen Gemütszustand.
- Wer (noch) unsicher ist, kann sich Inspirationen bei vorformulierten Reisen und Meditationen suchen bzw. diese ausprobieren. Sie soll einem selbst guttun und zu den Jugendlichen passen. Die Meditation/Fantasiereise wird mehrmals langsam und ruhig gelesen. Pausen können markiert werden. Sätze oder Worte, die zu kompliziert sind oder nicht zur eigenen Sprache passen, werden umgeschrieben. Es geht dabei nicht um Perfektion.
- Die Fantasiereisen können draußen oder drinnen gemacht werden, in einer Umgebung, in der kein Lärm stört. Wunderbar ist es, wenn Kissen, Matten, Decken einladen, sich auszustrecken und hinzulegen. Der Raum ist abgedunkelt, draußen wird ein Ort mit wenigen Insekten gesucht.
- Wer mag, unterstützt die Worte mit Entspannungsmusik – muss aber nicht.

- Zu Beginn wird den Konfis eine Einladung ausgesprochen: »Ich lade euch ein …« Manche kennen solche Übungen, für andere sind sie ungewohnt. Sie sollen auf jeden Fall vorher erfahren, was kommt. Entspannung bedarf eines vertrauensvollen Rahmens. »Für wen solche Ruhe und Stille ungewohnt oder nicht angenehm ist, kann natürlich die Augen offenlassen oder wieder öffnen. Ihr könnt gerne an etwas Wohltuendes denken. Bitte achtet darauf, die anderen nicht zu stören.«
- Alle setzen oder legen sich mit ausreichend Abstand zueinander bequem hin. Wenn eine*r nicht die Augen schließen mag, hilft ein Gegenstand, den sie*er anschauen kann.
- Angeleitetes Ein- und Ausatmen führt in die Konzentration und Entspannung.
- *Fantasiereise:* Die Fantasiereise wird vorgelesen, langsam und ruhig. Sie kann die Gedanken fokussieren, in die Weite führen, in die Welt der Bibelgeschichten einleiten.
- *Meditation:* Eine Meditation kann sich konzentrieren auf Ein- und Ausatmen, Körperwahrnehmung, Stille. Inhaltlich reicht ein zweiteiliger Bibelvers, der in den Atemrhythmus hineingesprochen wird.
- Wenn Meditation und Fantasiereise zum Ende kommen, wird ein paar Atemzüge lang Zeit gelassen – die Gedanken klingen nach. Im Anschluss kommen alle in die Gegenwart und Konfi-Zeit zurück. Leichtes Dehnen und Stretching aktiviert.
- Sollte ein*e Konfi einschlummern, möge diese*r sanft geweckt werden.
- Es wird die Möglichkeit gegeben, freiwillig von eigenen Eindrücken oder dem eigenen Erleben zu erzählen.

Einleitung für meditative Elemente

»Lege/setze dich bequem hin und schließe die Augen. Werde ruhig. Achte darauf, wie dein Atem dich bewegt: Einatmen ... ausatmen ... ein und aus ...«

Je nach Zeit und Anlass unterstützen:

- *Entspannungs-Übung:* »Spanne deine Füße an ... lockere deine Füße wieder ... spanne deine Beine an ... und lockere deine Beine wieder ...« Dann werden alle Körperteile bedacht, z.B. Becken, Bauch, Rücken, Schultern, Arme, Hände, Kopf.
- *Loslass-Übung:* »Wahrscheinlich kommen dir nun alle möglichen Gedanken in den Sinn ... nimm deine Gedanken wahr ... sage ihnen ›hallo‹ und lasse sie wieder weiterziehen wie eine Wolke am Horizont.«

Stille-Übung

Alle sitzen bequem im Kreis um die Mitte herum. Die verantwortliche Person leitet an: »Schließe deine Augen oder schaue in die Kerze. Atme ein ... und atme aus ... atme ein ... und atme aus ... Spüre, wie die Luft hineinströmt in deinen Körper ... und wieder ausströmt aus deinem Körper ... ein ... und aus. Wenn du magst, sage ›danke‹. Der Atem versorgt uns mit Sauerstoff. Wenn dir ein Gedanke kommt, ist das okay. Er darf vorbeigehen. Wenn du den Ton der Klangschale hörst, beginnt unsere Stille.

Lausche dem Ton, bis nur noch Stille da ist ... Nun atme noch einmal ein ... und aus ... und komm zurück in diesen Raum. Öffne deine Augen und dehne dich etwas ...

Herzlich willkommen zurück.«

Bild-Meditation

In der Mitte steht eine Kerze. Daneben liegt ein symbolhaftes Bild (z.B. ein Tropfen, ein Regenbogen, Hände, eine Weltkugel, eine

Ikone von Jesus mit offenen Armen). Damit für alle ein bequemer Blick möglich ist, wird vor jede Person eines gelegt oder mindestens vier große Bilder gleichmäßig um die Mitte herum geordnet. Es liegen vor jeder*m Konfi wertige blanko-Karten und ein Stift. Es läuft leise ruhige Musik. Alle betrachten das Bild. Die Gedanken dürfen schweifen … Zum Abschluss wird ruhig gesprochen: »Du bist ganz in deinen Gedanken und Wundern. Nimm nun die Karte und den Stift. Schreibe oder male darauf, was dir an dem Bild wichtig geworden ist.«

Einen Bibelvers meditieren

Nach der Einführung in die Stille und Entspannung, wird ein Bibelvers in den Atemrhythmus hineingesprochen: Du atmest ein: »Ich bin« … Du atmest aus: »wunderbar geschaffen« … Nach der Rückkehr ins Hier und Jetzt erzählen die Konfis: »Was ist dir durch das Herz und den Kopf gegangen? Was ist dir aufgefallen? Was war für dich angenehm? Was hat dich gestört? Welche Erkenntnis über Gott (oder Jesus oder Gottes Geistkraft) ist dir gekommen?«

Körper-Meditation

Nach einer einleitenden Atemübung führt eine*r aus dem Team die Konfis durch ihren Körper: »Richte deine innere Aufmerksamkeit auf deine Füße. Was hast du heute schon mit deinen Füßen gemacht? … Wohin haben sie dich getragen? … Richte deine Aufmerksamkeit auf deine Hände … Wen haben sie heute begrüßt? … Wen haben sie freundlich berührt? … Wann haben sie ein Stopp gezeigt? …« (Diese Gedankenreise zieht sich durch den ganzen Körper). »Diesen Körper hat Gott dir geschenkt. Gott hat dich geschaffen mit Leib und Seele. In der Bibel steht: ›Dein Körper ist ein Tempel des Heiligen Geistes‹ (1. Kor 6,19). Dein Körper ist Gott wertvoll. … Ein Psalmvers sagt: ›Ich danke dir dafür, Gott, dass ich wunderbar gemacht bin, das erkennt

meine Seele‹ (Ps 139,14). Sage Gott, wofür du danken möchtest … Manchmal fühlen wir in unserem Körper Schmerzen oder erfahren unsere Grenzen. Das kannst du genauso Gott sagen …«
Nach einer Stille werden die Konfis eingeladen, wieder in den Raum zurückzukehren.

Fantasiereise

In einer Fantasiereise werden die Konfis in eine imaginäre Welt begleitet. Es wird eine Geschichte erzählt, die sie mit ihrer eigenen Phantasie ausschmücken. Dadurch entstehen innere Bilder. Wie bei den anderen Übungen wird in einer ruhigen Umgebung mit Atemübungen begonnen. Die Anleitung der Reise beschreibt äußere Bedingungen, gibt keine Gefühle vor, damit das Eigene entstehen kann, z.B.: »Verlasse in deiner Vorstellung diesen Raum, dieses Haus, unseren Ort. Du gehst eine unbekannte Straße lang und gehst durch eine Landschaft, in der du noch nie warst …« (Hier setzen ihre Phantasie und Wünsche ein). »Was siehst du? … Wie riecht es hier? … Was kannst du auf deiner Haut spüren? … Du kommst an ein großes, reich geschmücktes Tor. Dahinter liegt das Reich Gottes. Du kannst hineinsehen … was siehst du? Möchtest du hineingehen und dich umschauen? Vorsichtig ein Schritt nach dem anderen … Was siehst du? … Wie fühlt sich der Ort an? … Behalte dir dieses Gefühl. Nimm etwas von dort als Erinnerung mit, verabschiede dich und gehe wieder durch das Tor, die Straße lang, da ist unser Ort, dieses Haus, du kommst wieder in diesen Raum. Recke und strecke dich, öffne deine Augen und komme wieder in unserem Kreis an.«

Oder: »Geh in deiner Vorstellung aus diesem Raum. Du verlässt das Haus und gehst die Straße entlang. Und während du die Straße entlanggehst, verwandelt sich die Landschaft. Erst werden die Berge höher, dann werden sie wieder niedriger … Du gehst am Wasser entlang, an einem Meer … Du gehst immer weiter … Es wird wärmer, wie im Hochsommer, wie in der Wüste … Und während du diesen Weg gehst, verändert sich die Zeit. Du gehst ungefähr zweitausend Jahre zurück. Die Menschen, denen du begegnest, haben dunkle Haut und tragen weite Gewänder … Die Häuser, an denen du entlangkommst, werden kleiner, manche Menschen leben in Zelten … Du siehst Ziegen und Kamele … Du gehst einen Weg entlang und siehst viele Menschen, die auf dem Boden sitzen. In ihrer Mitte sitzt ein Mann. Er erzählt eine Geschichte …« (Es folgt eine biblische Geschichte, die von Jesus erzählt wurde. Wenn ein Erlebnis mit Jesus erzählt wird, wird der Übergang angepasst. Es wird etwas Zeit zum Nachklingen gelassen).

»Nun ist Zeit geworden, das Geschehen, den Ort und die Zeit von vor zweitausend Jahren wieder zu verlassen. Du wendest dich um und gehst zurück. Du streichelst noch einmal die Ziegen und Kamele und gehst an den Häusern und Zelten entlang … Die Zeit beginnt, sich zu verändern. Es wird wieder kühler. Du gehst am Meer entlang, siehst die Berge. Die Landschaft verändert sich ins heute … Du kommst die Straße entlang, kommst in dieses Haus, in diesen Raum, in unseren Kreis. Wenn du magst, öffne die Augen und dehne und strecke dich. Komm wieder ganz im Hier und Jetzt an.«

Nach einer Fantasiereise, Meditation, Stille-Übung

Die meisten Konfis sind nach solch einer Übung ganz entspannt. Einzelne haben vielleicht diese Zeit kaum ausgehalten oder konnten ihr kaum etwas abgewinnen. Die nächsten machen zum ersten Mal so eine Übung und gewöhnen sich erst allmählich daran. Für andere ist es nicht die passende Methode. Manchmal wehrt die Psyche eine Entspannung ab. Unabhängig davon, welche Gründe in den Konfis verborgen liegen, es ist okay.

- Für ein Gespräch bieten sich Erlebnis-Fragen an: »Was hast du gesehen? Was ist dir aufgefallen? Welche Gedanken sind dir gekommen, als du …?«
- Für ein eigenes Verarbeiten bieten sich Gestaltungsaufgaben an: »Hier sind Blanko-Streichholzschachteln und Fimo. Überlege, was du auf deiner Reise erlebt hast. Was möchtest du als Erinnerung gerne aufheben? Aus dem Fimo forme diese Erinnerung, ganz klein, dass sie in die Schachtel passt. Gestalte dazu die Schachtel zu einer kleinen Schatztruhe. Sie passt in die Hosentasche oder in den Rucksack. Du kannst deinen Schatz mit dir herumtragen.« Oder: »Hier sind Kerzen und Verzierstifte. Was für ein Erinnerungslicht an dein Erlebnis möchtest du gestalten? Möchtest du mehrere gestalten und verschenken?«
- Für ein gemeinsames Weiterarbeiten bieten sich Werkstücke an: »Hier ist eine riesige Tapetenrolle mit Gras« (oder welches Motiv zum Thema passt: Mauerwerk, Dschungelpflanzen, Sand, abstrakte Formen), »sie ist fast endlos lang. Mit diesen bunten Eddings« (die ganze Farbpalette, nicht nur schwarz, rot, blau) »zeichnet, malt, schreibt eure Erlebnisse hinein. Ihr könnt mit Bleistift vormalen. Bevor ihr bei jemand anderem ins Bild hineinschreibt, fragt bitte nach, ob und wie das angemessen wäre.« Oder: Alle bekommen ein Stück Holz. Es liegen Mosaiksteine und Fugenkleber bereit. Alle gestalten ein Stück. Diese werden zu einem Kreuz zusammengelegt.
- Manchmal will sich erst einmal eine kicherige Anspannung lösen. Dann wird zum Übergang eine Pause eingelegt oder ein Wurfspiel gespielt, um wieder in der Gegenwart und im eigenen Ich anzukommen.

10.6 Musikpädagogische Methoden

Musik, Melodien, Rhythmen und Klänge gehören zum Menschen von Anbeginn an dazu. Sie können Unterhaltung, Gefühlsverstärkung und – in diesem Kontext – Glaubensausdruck sein. Sie zeigen Emotionen und Zugehörigkeiten. Dank der Smartphones können wir jederzeit und überall auf Musik zugreifen. Deshalb spielt Musik natürlich bei der Konfi-Zeit eine große Rolle. Daher bietet es sich an, dass einzelne Methoden mit Musikstücken eingeleitet oder unterlegt werden, dass Konfis in den Pausen Musik hören oder im (Jugend-)Gottesdienst Songs eingespielt/gesungen werden.

Singen

Im öffentlichen Raum mit anderen zu singen erfordert Mut. Viele Konfis haben kaum Erfahrung damit, gemeinsam zu singen. Sie finden es zu Beginn peinlich. Zusätzlich sind die Gesangbuchlieder und Jugendsongs in der Kirche den meisten fremd. Da helfen natürlich gitarrespielende Verantwortliche und noch besser Teamer*-innen, eine kleine Band, eine gute Klavierbegleitung, um die ersten Hemmschwellen zu nehmen und gelöste Stimmung zu verbreiten. Wenn dies nicht gegeben ist, kann mit etwas Zeit und Humor eine singfreudige Atmosphäre entstehen:

- Wenn in der Konfi-Zeit gesungen werden soll, wird von Anfang an mit einfachen und kurzen Liedern begonnen, und mit der Zeit werden schwierigere Melodien und längere Textfolgen eingeführt.
- Wenn die Konfis bei den Liedern laut mitsingen sollen, dann sollte das Gesamtambiente davon geprägt sein, dass die Konfis zwischendurch ungehemmt laut sein können. Wenn die Konfis eigentlich immer nur ruhig sein sollen, darf sich niemand wundern, wenn sie nicht auf Kommando laut mitsingen.

- Zu Beginn helfen z.B. Tischgebete im Klatschrhythmus von »We will rock you«, einfache Wechselgesänge (Schlachtrufen gleich), kurze Songs mit eingängigen Melodien sowie spielerisches Dirigieren, das übertrieben inszeniert: »Jetzt alle wie ein großer Sturm …«, »Jetzt alle wie ein sanftes Säuseln«, »Jetzt alle, die grüne Socken anhaben …«, »Jetzt alle wie im Fußballstadion …«. So eingeführt, kann sich die Gruppe an einfachen, kurzen Sequenzen ausprobieren und steigern.
- Wenn Konfis in der Gruppe sind, die selbst ein Musikinstrument spielen oder eine tolle Singstimme haben, unbedingt fragen, ob sie unterstützen wollen – sie haben schließlich ein Spezialwissen und -Talent.
- In einer entspannten Atmosphäre singt es sich einfacher: Am Lagerfeuer, bei einer Abendandacht im Kerzenschein, in Jugendgottesdiensten, auf Freizeiten gehören Lieder auf eine geheimnisvolle Weise dazu. Die Konfis werden mutiger und beginnen, einzelne Lieder für sich zu entdecken.
- Unbedingt auf die Konfis hören, wenn sie sich ein Lied wünschen.

Songs und Songtexte

Die Songs, die die Konfis hören, sind hoch emotional besetzt (mit Aggressionen, Herzschmerz, Sehnsüchten u.v.m.). Ob es in der Bibel so was gibt: Worte voller Wut, voller Herzschmerz, voller Sehnsucht, voller Gefühl?

- Die Konfis bekommen eine bunte Auswahl an Psalmversen, die verschiedenste Gefühle ausdrücken. Zu den Versen suchen sie ihre Lieblings-Songs bzw. einzelne Sequenzen daraus und stellen eine Lese-Klangcollage zusammen.
- Eine Bibelgeschichte wird mit den Songs der Konfis interpretiert, z.B.: Wie klingt das Hohelied Salomos interpretiert mit Liebesliedern von heute?

- Es wird eine Verscollage aus den Tauf- oder Konfirmationssprüchen erstellt, von den Konfis gelesen und dazu leise Musik vom Klavier eingespielt.
- Welche Farben hat für dich die Geschichte vom Barmherzigen Samariter? Welcher Klang, welche Farbe passt zur Geschichte? Daraus kann eine Präsentation mit Farben, Klängen und Text entstehen.

Rhythmus

Der eigene Körper ist ein tolles Rhythmusinstrument und zugleich sehr persönlich. Mit Körperpercussion zu arbeiten empfiehlt sich erst in den späteren Gruppenphasen oder auf Camps, wenn sowieso alle einen großen Schritt aus ihrem Alltag herausgetreten sind. Als coole Rhythmus-Instrumente haben sich erwiesen: Regentonnen, Gießkannen, riesige Töpfe, Fallrohre, große Bälle, Cajons, Schütteleier. Gemeinsames spielerisches Ausprobieren von Taktgefühl, Rhythmus, Lautstärke, Klangfarben nimmt Konfis hinein in die Möglichkeiten des Klangausdrucks. Allerding Vorsicht mit Klangstäben: Sie können die Konfis an ihre Grundschulzeit erinnern. Konfis sind jedoch gerade in einer anderen Entwicklungsphase.

- Wie klingt Angst für dich? Wie klingt Freundschaft für dich? Welchen Klang, Rhythmus und Takt gibst du diesen Gefühlen?
- Geschichten mit einer großen Klangdynamik (Pfingsten; Gott erscheint Elia im Sturm und im Säuseln; Jona u.a.) lassen sich hervorragend von Konfis in einen Klangteppich der Nacherzählung übersetzen. Wenn sie ausreichend Freiheit erhalten, finden sie im Gemeindehaus noch viele weitere passende Instrumente, um Gefühle und die eigene Interpretation auszudrücken.
- Wie klingen die einzelnen Tage der Schöpfung? Welchen Takt gibst du der Sonne, dem Mond und den Sternen? Und welchen der Klimaerwärmung?

- Die Rhythmusinstrumente stehen begleitend für die »normalen« Songs beim Singen bereit. Manch ein Trommelgenie wird zur Geltung kommen.
- Zum Rhythmus-Gesang gehört der Rap – coole Sprechgesänge, die im geregelten Rahmen auch Unverschämtheiten ausdrücken dürfen. »Erzähle die Blindenheilung aus der Sicht des Blinden – in einem Rap.« Oder »die Freundschaft zwischen Petrus und Jesus, aus Petrus Sicht gerappt«.

Musicalprojekte

Wie klasse, wenn es engagierte, jungen Menschen zugewandte Kantor*innen, ehrenamtliche Kirchenmusiker*innen u. Ä. vor Ort oder in der Region gibt. Ein Musicalprojekt vereint viele Menschen und Gaben: Sänger*innen, Werbende, Schauspieler*innen, Bühnenbildner*innen, Technikfreaks, Kostümgestaltende, Geräuschesammler*innen, Kartenabreißende und viele mehr. Und es können generationenübergreifend noch mehr Menschen zusammenwirken: kochende, schneidernde, regieunterstützende, handwerklich begabte … Was für ein Fest, wenn alle nach der oder den Aufführungen stolz grillen und sich alles erzählen, was (fast) schiefgelaufen ist und sich mit gegenseitigen Komplimenten überschütten!

11 THEOLOGISIEREN MIT KONFIS: GESPRÄCHE

Theologisieren mit Jugendlichen

Jugendliche sind die besten Expert*innen für ihre Gefühle, Gedanken, Lebenssituationen und ihren Glauben. Von da ausgehend ist es für sie bereichernd, sie zu theologischen Gesprächen über die großen Fragen des Glaubens und des Lebens zu animieren. Sie haben ihre je individuelle Lebenswirklichkeit. Wir dürfen anbieten, diese in einen theologischen, religiösen, spirituellen Zusammenhang zu stellen. Wir können eine neue (organisierte) Beziehung zum Göttlichen, vielleicht Ungewohnten für die Jugendlichen eröffnen und dadurch religiöse Bildung fördern. Wenn wir biblische Texte, Bilder, christliche Symbole, Rituale und Traditionen für ihre eigenen Gefühle, Lebensthemen und Sinnfragen fruchtbar machen und in einen Deutungszusammenhang bringen, bieten wir den Konfis die Chance der eigenen Auseinandersetzung. In so einem Prozess erfahren sie, dass ihre Meinung, ihr Glaube, ihre Fragen nicht in ein Richtig-Falsch-Schema eingeordnet werden, sondern Grundlage für weitreichende Gespräche in der Konfi-Zeit sind. Eigene Fragen finden, selbst Antworten erarbeiten, mögliche Deutungen überlegen fördert Reflexionsvermögen und Sprachfähigkeit im Glauben. Theologisieren in Gesprächen beschreibt einen religionspädagogischen Ansatz, in dem individuelle Vorstellungen der Beteiligten (z.B. Konfis) religiösen Texten, Symbolen und Ritualen begegnen und mit ihnen in einen Austausch treten. Dabei werden eigene Fragen geklärt, Glaubens- und Gottesvorstellungen erweitert und der sprachliche Ausdruck gefördert.[42]

Theologisieren bedeutet, theologische Fragen und Deutungen der Jugendlichen zu bemerken und zu würdigen (nicht zu korrigieren), sie als bedeutsam aufzugreifen und von da ausgehend weitere Deutungsangebote zu machen.[43]

Das geschieht nicht nur in Gesprächen, sondern vor allem in der spielerisch-handlungsorientierten Auseinandersetzung, die eine angemessene sprachliche Form zur Reflexion finden kann. Dass ungeschliffene Aussagen, einzelne Worte (z.B. Titel für kreative Arbeiten) und Fragen genauso theologische Deutungen enthalten wie ausformulierte Sätze, ist einem eigenen Glaubensausdruck der Konfis angemessen (siehe Kap 12: Präsentation, Auswertung). Das setzt aufmerksames und prozessorientiertes Arbeiten voraus. Die Rolle der Verantwortlichen ist dabei die der aufmerksamen Beobachter*in, interessierten und anregenden Gesprächspartner*in und begleitenden Expert*in.[44]

Im Unterschied zum schulischen (Religions-)Unterrichtsgespräch haben wir in der Kirche die Möglichkeit, direkt über Glauben zu reden, zu meditieren, religiöse Rituale einzubeziehen, mit den Jugendlichen zu beten, uns im Kirchraum zu bewegen und somit einerseits selbst (eindrücklich durch unsere jugendlichen Teamer*innen veranschaulicht) als fragende, manchmal zweifelnde Glaubensvorbilder zu dienen und andererseits den Konfis eigene religiöse Erfahrungen zu ermöglichen.

Das geschieht durch die Begegnung mit biblischen Texten, die als dritte Gesprächspartner neben den Konfis und den Leitungspersonen zur Verfügung stehen. Durch Identifikation mit biblischen Rollen, durch Gesprächsmethoden, die ins direkte Gegenüber zu einem Text und ihren Personen aus der anderen Zeit einsteigen, können Erfahrung und Berührung tiefer geschehen als nur im Reden. Übrigens: Das »Wissen« pflanzt sich durch die prozesshafte Beschäftigung in solchen Gesprächen und Methoden ganz von selbst ein.

11.1 Inhaltliche Verknüpfung lebensrelevanter Konfi-Themen mit christlicher Tradition

Wenn man Konfis fragt, welche Themen ihnen die liebsten waren in der Konfi-Zeit, stehen Freundschaft, Gemeinschaft, Umwelt hoch im Kurs, also die Themen, die aus ihrem Leben gegriffen sind. Das Glaubensbekenntnis und die 10 Gebote werden da kaum genannt.[45]

Vermutlich hängt das damit zusammen, dass in der üblichen Praxis diese Themen nebeneinandergestellt werden: Heute geht es um die Bibel, nächstes Mal um Freundschaft – da ahnen wir schon vorher, wie die Grundmotivation zur Beteiligung der Konfis ist. Und: Die Begegnung mit den Kernstücken christlicher Überlieferung wird häufig in kognitiver Form vermittelt, an dessen Ende womöglich noch die Pflicht zum Auswendiglernen und das Abgefragt-Werden stehen. Zur Auflockerung gibt es zwischendrin ein Spiel und ab und zu eine Stunde mit spannenden Themen wie Gemeinschaft, die dann mit jugendgemäßen Methoden erarbeitet werden, aber: »Nächste Woche wird es dann wieder ernst!« Am sinnvollsten ist es, diese Unterscheidung der Themen und Methoden aufzulösen. Es werden stattdessen die lebensweltorientierten Themen als Ansatzpunkt genommen und mit christlichen Traditionen verbunden. Die Auseinandersetzung damit geschieht in handlungsorientierter Weise, methodisch vielfältig und so unter hoher Beteiligung der Konfis. Im Prozess der Auseinandersetzung denken die Jugendlichen individuell theologisch nach und finden ihren religiösen sprachlichen Ausdruck gemeinsam im reflektierenden Gespräch.

Beispiele für Lebensthemen der Konfis und die Verknüpfung mit biblischen Texten:

- Sinnfragen des jugendlichen Lebens: Wer bin ich? Was sind meine Wurzeln? Was macht meine Persönlichkeit aus? Dazu Ps 139 (Ich danke dir dafür, dass ich wunderbar gemacht bin).
- Orientierung in der Welt/Umwelt, Schöpfung bewahren. Dazu 1. Mose 1+2.
- Wo erfahre ich Geborgenheit? Dazu Ps 23.
- Was gibt mir Orientierung? Woran kann/will ich glauben? Dazu Psalmverse mit Gottesbildern, z.B. Ps 31 (starker Fels), Ps 139 (du bist um mich) u.a.
- Gibt es Gott wirklich? Gibt es einen Widerspruch zwischen Bibeltexten und Naturwissenschaft? Dazu: Schöpfung/Evolution Wundergeschichten, Auferstehung und ihre Deutung für das heutige Leben.
- Warum lässt Gott Leid in der Welt zu? Dazu Ps 31, Ps 34 (Gott ist keine Wunscherfüllungsmaschine, sondern begleitet uns in finsteren Zeiten).
- Angst und Vertrauen. Dazu: Mk 4,35-42 (die Stillung des Sturms) oder Mt 14,20-33 (der sinkende Petrus).
- Wie kann mein Leben gelingen? Dazu die 10 Gebote (Gemeinschaft).

Mehr lesen

Eine Einführung zur Verbindung von Lebenswelt und biblischen Themen sowie 25 fertige Konfi-Einheiten finden sich in:

- Thiele-Petersen, Astrid / Franke, Rainer: Mein Leben und die Bibel. Lebensrelevante Konfi-Arbeit mit erfahrungsorientierten Methoden, Göttingen 2019

11.2 Methodische Anregungen für theologische Gespräche

Vorweg

- Echte Fragen zum Nachdenken stellen, keine Wissens-AbFragen!
- Mit den Fragen der Jugendlichen arbeiten: Welche Frage(n) hast *du* an das Thema, die Person, die Geschichte?
- Die Jugendlichen einladen, ihrem Glauben oder Nicht-Glauben oder Zweifeln Worte zu geben: Ausdrücken, was ich glaube und woran ich zweifle, und Bilder dafür schaffen (im wahrsten Sinne des Wortes, hier helfen ästhetisch-gestalterische Methoden).
- Unterscheiden zwischen Fragen, für die es wahrscheinlich mehr als eine richtige Antwort gibt; Fragen, die ich beantworten kann, wenn ich z.B. im Internet nachschaue; Fragen, die ich nur im Gespräch mit anderen klären kann; Fragen, für die es keine Antwort gibt; Fragen, über die ich länger nachdenke.
- Z.B. zieht jede*r eine vorher von allen aufgeschriebene Frage, die in Kleingruppen diskutiert, bearbeitet, im Internet recherchiert wird. Im Anschluss werden die Erkenntnisse den anderen Gruppen präsentiert.

Gute allgemeine Fragen zur Vertiefung von Bibelgeschichten sind z.B.:

- Nachdem du diese Geschichte gehört (gelesen, gespielt, gestaltet, …) hast, was hast du jetzt für ein Bild von Jesus, von der Samaritanerin, König David, Gott, …? Was war das in deinen Augen für ein Mensch/Gott?
- Wenn sich diese Geschichte heute ereignen würde, was wäre gleich bzw. anders?
- Wenn du dabei gewesen wärst, was würdest du in dieser Geschichte tun?
- Was hast du in der Beschäftigung mit der Geschichte über dich selbst entdeckt?
- Warum hat XY in der Geschichte geglaubt? Was ist das für ein Glaube?
- Wie wirkt Gott in dieser Geschichte?
- Was denkst du, warum hat der Bibelschreiber, der*die Psalm-Beter*in, Jesaja, Jesus, Lukas, Paulus, … diese Geschichte erzählt? Was wollte er den Menschen damals sagen? Was könnte er uns heutigen Menschen sagen?
- Was hast du über den Glauben entdeckt?

Spielerische Methoden zum Theologisieren

- Eine »Theologische Kommission« diskutiert kontrovers, z.B.:
  - Die 10 Gebote oder das Apostolische Glaubensbekenntnis sollen aktualisiert werden. Was bleibt? Was fällt weg? Was kommt neu hinzu?
  - Entwerft eine neue Bibel für zukünftige Konfis. Welche Geschichten sollen hinein?
  - Entwerft ein Konfi-Buch: Welche Themen gehören hinein? Was ist wichtig zu erleben, zu wissen fürs Leben?

- Ein »Gericht« verhandelt über eine biblische Situation. Es werden die Rollen Angeklagte*r, Kläger*innen, Verteidiger, Zeug*innen, theologische Experten (Anwälte des Bibeltextes) und Staatsanwält*innen besetzt. In der Diskussion wird die Komplexität der Geschichte vertieft, z.B. so: Was geschieht mit Jakob und Esau und dem Erstgeburtsrecht? Was geschieht mit Judas nach dem Verrat? Soll »die Ehebrecherin« nun bestraft werden oder nicht?
- »Hot seat«: Eine biblische Gestalt (repräsentiert durch mehrere Konfis) sitzt in der Mitte des Stuhlkreises. Alle anderen Konfis dürfen Fragen stellen.
  - Was möchtest du die Personen in der Geschichte fragen?
  - Was würden die Personen heute zu den Konfis und ihrem Leben sagen?

Mehr lesen

- Veit-Jakobus, Dieterich: Theologisieren mit Jugendlichen. Ein Programm für Schule und Kirche, Stuttgart 2012
- Freudenberger-Lötz, Petra: Theologische Gespräche mit Jugendlichen. Erfahrungen-Beispiele-Anleitungen, München 2012
- Kolb, Herbert: Theologisieren in der Konfi-Zeit, in: Ebinger, Thomas u.a., Handbuch, S. 190-198, und www.theologisieren.de
- Thiele-Petersen, Astrid / Franke, Rainer: Mein Leben und die Bibel. Lebensrelevante Konfi-Arbeit mit erfahrungsorientierten Methoden, Göttingen 2019

12 WERTSCHÄTZUNG: PRÄSENTATION, AUSWERTUNG, FEEDBACK

Die Konfis haben einzeln, zu zweit oder in Kleingruppen etwas zum Thema des Treffens gestaltet, ausprobiert, gemalt, geschrieben, gebaut. Diese entstandenen Bilder, Texte, Szenen oder Kunstwerke werden gewürdigt. Die Ergebnisse dürfen nicht einfach »versickern«, dann geht für die Konfis der Sinn verloren, warum sie sich Mühe geben sollten. In einer Präsentation bekommen alle einzeln Aufmerksamkeit für das, was er*sie geschaffen hat und gleichzeitig zeigt jede*r etwas von sich (genauso gültig ohne Worte). Die verschiedenen Interpretationen bieten Erkenntnisgewinn. Die positive Bestärkung durch Rückmeldungen wird geübt.

12.1 Wahrnehmen und Wertschätzen

Eine Bühne für das Werk und die Autor*innen oder Künstler*innen

Wer etwas geschaffen hat, verdient Anerkennung dafür. Eine Theaterszene bekommt eine Bühne, ein Text eine Lesung, ein Kunstwerk eine Ausstellung. Eine Präsentation verdient Applaus. Nach einer schöpferischen Phase, in der die Konfis etwas herstellen, kommt es zur (freiwilligen) Präsentation des Werkes, damit es sich für die Konfis nicht wie eine Beschäftigungsaufgabe anfühlt. Dafür wird ein »Bühnenraum« geschaffen, eine leere Raumhälfte mit neutralem Hintergrund, in dem sich nur die Performenden platzieren. Alle anderen werden zu Zuschauenden in der anderen Raumhälfte. Kunstwerke können auf einer Tischreihe oder auf Fensterbänken drapiert werden, Bilder hängen an der Wand in einer Reihe, Szenen werden im Bühnenraum vorgespielt. Somit erfahren Konfis von Beginn an, dass jede einzelne Person (und ihre Meinungen, ihre Werke) es wert ist, gehört und gezeigt zu werden. Gleichzeitig erleben sie, wie es ist, vor einer Gruppe zu stehen und etwas zu zeigen.

Ausnahme: Ein Gebet ist keine Vorführung. Selbst verfasste Gebete werden nicht »präsentiert«, sondern in einer abschließenden Gebetsrunde (unkommentiert) gemeinsam gebetet, evtl. mit abschließendem Vaterunser und Segen.

Wertschätzende Rückmeldung für die Präsentation

Nach der Präsentation, einem Applaus und Dank für den Vortrag bekommen alle Zuschauenden die Gelegenheit, ihre Eindrücke zu schildern. Dabei wird positiv formuliert und nicht bewertet, damit keine*r demotiviert wird und sich nächstes Mal niemand mehr traut, etwas vorzulesen. Gemeinsam wird geübt, wie man Kritik konstruktiv formulieren kann, ohne jemanden zu verletzen.

- *Beispiel*: Eine Präsentation war sehr leise.
- *Demotivierende Rückmeldung*: »Das war viel zu leise, man konnte ja gar nichts verstehen.«
- *Alternative*: Am Ende aller Vorträge Kriterien sammeln, wie ein guter Vortrag sein soll: laut, langsam, deutlich, persönlich, Zuschauende angucken usw.

Ebenen der wertschätzenden Rückmeldung

Bei viel Zeit bieten sich folgende Schritte an:

- Wahrnehmen, was ich sehe (z.B.: Da sind mehr dunkle als helle Farben; ich sehe eine rote Kugel ohne Verbindung zu dem restlichen Kunstwerk; ich habe zwei Personen gesehen, die am Boden lagen).
- Eigene Gedanken, innere Bilder, Assoziationen, Erinnerungen nennen (z.B.: Das Bild erinnert mich an einen sonnigen Urlaubstag – oder: Mich macht das ganz traurig – oder: Ich denke dabei an einen Streit auf dem Schulhof).
- Deutungen und Vermutungen äußern (z.B.: Der Titel könnte Einsamkeit bedeuten – Vielleicht wollen sie damit auffordern, dass man gerecht sein soll – Ich glaube, da steckt Wut drin). Im Anschluss können die Spielenden, die Künstler*innen etwas zu den Rückmeldungen, dem Entstehungsprozess und dem Werk sagen.

Jede*r hat das eigene Leben als Resonanzraum und eine ganz eigene Gefühlswelt. So spricht jede*n etwas anderes an bei dem, was wir sehen – je nachdem, was uns sowieso gerade beschäftigt oder unserer Gefühlslage entspricht. Die Konfis erleben, dass eine Aussage über ein Bild nicht eine allgemeingültige und immer zutreffende Zuschreibung sein kann. Es ist eine Momentaufnahme. So kann es geschehen, dass zehn Konfis in einem Bild auf zehn verschiedene Dinge hinweisen.

12.2 Präsentationsformen und Auswertung

Freiwilligkeit

Die Präsentation von individuell gestalteten Dingen wie Bildern, Collagen, Texten ist immer freiwillig. Der Prozess des Erarbeitens ist für die Konfis schon eine Erfahrung und Erkenntnis. Je offener und toleranter die Gruppe miteinander umgeht, desto selbstverständlicher wird das Zeigen von Werken, d.h. zusammen haben wir eine Atmosphäre geschaffen, die dafür sorgt, dass jede*r sich wertgeschätzt fühlen kann. Dennoch kann es Situationen oder Themenbereiche geben, in denen jemand nichts zeigen möchte, weil es um Privates geht, weil es emotional berühren würde, darüber zu reden, weil jemand anders in der Gruppe davon betroffen ist, weil einem etwas darin peinlich ist und man nicht möchte, dass die anderen es wissen. Wenn jemand nie etwas von sich zeigt oder erzählt, kann ein*e Verantwortliche*r das Einzelgespräch suchen und fragen, woran es liegt.

Vortragen von Texten

- Einen Lesungsraum schaffen, z.B. ein Stehpult oder einen Tisch mit Stuhl hinstellen und mit Leselampe und einem Wasserglas (zum Festhalten und Trinken gegen die Nervosität) ergänzen.
- Daran erinnern, laut, langsam und deutlich zu lesen (trotzdem nicht verbessern; wer es oft einübt, kann es nachher wie von selbst. Erst bei öffentlichen Präsentationen, z.B. im Vorstellungsgottesdienst, speziell Lesen am Mikro üben und wiederholen).
- Einzeln und nacheinander betritt jede*r die Bühne und liest, was er*sie möchte, aus dem Text vor.
- Ein Moment der Stille, den Text wirken lassen, evtl. kann sich jede*r etwas notieren, Applaus und Dank für den Vortrag.

- Rückmeldungen bei viel Zeit, wie oben beschrieben, ansonsten nach allen Vorträgen: Was ist mir aus den Texten der anderen hängengeblieben? Warum? Was hat mich angesprochen, berührt, zu eigenen Gedanken angeregt, wie begegnet mir Gott in diesem Text ...?

Ausstellung von Bildern und Kunstwerken

Die Ausstellung von Bildern, Objekten oder Kunstwerken werden feierlich als Vernissage gestaltet:

- Jemand aus dem Team hält eine kleine Eröffnungsrede, in der das Thema benannt und die Wertschätzung für die Arbeit aller Künstler*innen ausgedrückt wird (Besonderheit hervorheben: »Ein Thema und so viele verschiedene Ausdrucksweisen dafür!«). Danach zu einem gemeinsamen Rundgang einladen.
- Die Gruppe geht geschlossen nacheinander zu den einzelnen Kunstwerken (stilvoll mit einem Glas O-Saft in der Hand) und betrachtet sie gemeinsam (evtl. werden Titel erst später veröffentlicht).
- Die Besuchenden (die anderen Konfis) geben Rückmeldungen in Form von assoziativen Gedanken und Einfällen (s.o. Ebenen der Rückmeldung). Bitte Bewertungen (»der kann ja voll gut malen« oder »da kann man gar nichts erkennen«) und Ratespiele, was der*die Künstler*in damit wohl meinte, vermeiden.
- Die*der Künstler*in erzählt danach, was immer sie*er mag, z.B. Einzelheiten, bei denen er*sie sich etwas Besonderes gedacht hat, wie das Werk wurde, wie es ist, nennt den Titel und eigene Gedanken.

Variation:

- Wie in einer bereits eröffneten Kunstausstellung gehen alle Besucher*innen einzeln herum und betrachten die Kunstwerke. Auf einem kleinen Schild daneben ist der Titel zu sehen.
- Neben jedem Kunstwerk liegt ein kleines Büchlein oder ein Din-A4-Blatt und ein Stift. Jede*r schreibt seine eigenen Gedanken (s.o.) auf den Zettel. Dies bekommen die Künstler*innen nachher als Geschenk mit. Vielleicht ist ein Gedanke dabei, auf den man selbst gar nicht gekommen ist.

Aufführung von Theaterszenen

- Es wird ein neutraler Bühnenraum geschaffen.
- Eine Moderation heißt alle willkommen und leitet ein in die Situation einer »Aufführung«. Dazu gehört natürlich, die Zuschauenden auf humorvolle Weise zu bitten, ihre Handys leise zu stellen, sich aufrecht und aufmerksam hinzusetzen, Gespräche mit anderen auf später zu verschieben.
- Die Darstellenden machen sich bereit.
- Der Vorhang schließt sich (alle schließen die Augen) und öffnet sich (alle öffnen die Augen).
- Aufführung: Die Darstellenden zeigen ihre Szene.
- Applaus.
- Die Moderation leitet durch die Rückmeldungen nach den oben beschriebenen Ebenen.
- Ein Dank für den Einsatz und den Einfallsreichtum beendet diese Szene und entlässt die Kleingruppe. Die nächste Vorführung wird angekündigt …

12.3 Feedback

12.3.1 Regeln für anerkennende Rückmeldung

Feedback ist eine direkte Form der Rückmeldung über das Verhalten, über Aussagen oder eine Präsentation einer Person an diese selbst. Ein Feedback ist eine momentane subjektive Äußerung, keine allzeit allgemeingültige Aussage über die betreffende Person (s.o.). Immer gilt:

Wenn ich etwas über dich sage,
sage ich mindestens genauso viel über mich wie über dich.

Damit ein Feedback wirksam und hilfreich sein kann, halten die Beteiligten beim Feedback-Geben und Feedback-Annehmen folgende Regeln ein (von Beginn an gemeinsam besprechen und fröhlich üben).

Regeln für das Feedback-Geben

- Das Feedback wird in einer Ich-Botschaft formuliert (anstelle einer Du-Botschaft; nicht: alle, jeder, man, wir).
- Es beschreibt Beobachtungen (nicht bewertend, interpretierend, auf Vermutungen basierend).
- Es ist nützlich für den*die Empfänger*in (nicht schädlich).
- Es wird möglichst konkret gegeben und auf eine spezifische Situation bezogen (nicht allgemein, nicht immer/nie/oft, nicht unklar formuliert)
- Es ist umsetzbar und spricht veränderbare Verhaltensweisen an (nichts, was die Person nicht ändern kann wie Stottern oder Schüchternheit).

- Es wird ausgewogen verfasst (Positives und Negatives ansprechen, wie ein Sandwich).
- Es ist ehrlich (niemandem nützt falsches Lob oder unwahre Kritik).
- Es wird zur rechten Zeit gegeben, also möglichst direkt nach dem Verhalten – außer in momentaner Erregung oder Betroffenheit. Dann warten alle lieber einen ruhigen Moment ab.
- Es geschieht im geschützten Rahmen (zu zweit, in der Teamsitzung oder Feedbackrunde; nicht vor Teilnehmenden).

Regeln für das Feedback-Annehmen

- Dem*der Feedback-Geber*in wird zugehört. Er*sie darf ausreden.
- Das Gesagte wird aufgenommen, die Beobachtungen des*der Anderen werden akzeptiert (keine Rechtfertigung, Verteidigung oder Erklärung sind erforderlich).
- Es werden Rückfragen gestellt, wenn etwas unklar ist.
- Das Gesagte wird zusammengefasst, Erkenntnisse werden formuliert und gespiegelt.
- Es wird in Ruhe über die Inhalte des Feedbacks nachgedacht.
- Jede*r entscheidet selbst, was er*sie daraus mitnehmen möchte.
- Es wird für das Feedback gedankt.

Konstruktives Feedback mit der »WWW-Regel«

Für ein Feedback im Team bieten sich die »WWW-Regel« als einfach zu handhabendes Feedback an:

- *Wahrnehmung schildern:* »Ich habe beobachtet, dass …«; »Mir ist aufgefallen, dass …«
- *Wirkung erläutern:* »Das wirkt auf mich, …«; »Dadurch fühle ich mich …«
- *Wunsch formulieren:* »Ich wünsche mir, dass … «

12.3.2 Feedback-Methoden

Feedback mit Symbolen (Moderationsbälle, Postkarten)
Eine Kiste mit Gegenständen (alternativ Fotos davon) steht zur Verfügung. Jede*r nimmt sich ein Symbol (alternativ: zieht blind eins) und beantwortet dazu eine Frage.

Mögliche Fragen bzw. Satzanfänge für eine Rückmeldung:

- *Ballon:* Wie sieht die Situation mit Abstand betrachtet aus?
- *Daumen hoch:* Mir hat besonders gut gefallen …
- *Fuß/Schuh:* Meine nächsten Schritte werden sein …
- *Fotoapparat:* Die neuen Perspektiven für mich sind …, ein neuer Blickwinkel …
- *Gehirn:* Ich habe heute gelernt/verstanden, dass …
- *Glühbirne:* Welche Idee, welcher Geistesblitz war für dich wichtig?
- *Hand offen:* Mir hat geholfen, dass …
- *Herz:* Ich habe erlebt/gefühlt …, mein Herz hängt an …
- *Koffer:* Welche 3 Dinge nehme ich aus dieser Einheit mit?
- *Krone:* Was waren für dich ›krönende‹ Momente?
- *Leiter:* Wodurch bin ich heute weitergekommen?
- *Mülleimer:* Was kann meiner Meinung nach weg?
- *Puzzlestück:* Welche Puzzlestücke sind für dich noch hinzugekommen?
- *Ring:* Welche Entdeckung von heute ist mir wertvoll?
- *Schlüssel:* Eine Schlüsselerkenntnis für mich war …, der Schlüssel für unseren Teamerfolg war …
- *Welt:* Wie sieht der Transfer in die »echte« Welt aus?
- *Wunderlampe:* Welche Wünsche hast du an die Gruppe, die Leitung?

Hand-Feedback

Für die schriftliche Variante wird der eigene Handumriss auf ein Blatt gezeichnet. Zu jedem Finger wird eine Frage darin beantwortet. Für die mündliche Variante im Abschlusskreis wird einfach die Hand bzw. jeder Finger einzeln hochgehalten:

- *Daumen hoch:* Das … war heute super, weil …
- *Zeigefinger:* Darauf möchte ich hinweisen …
- *Mittelfinger:* Das … hat mir nicht gefallen, weil …
- *Ringfinger:* Das … ist mir heute wertvoll geworden, weil…
- *Kleiner Finger:* Das kam mir heute zu kurz: …

Feedback-Rahmen

In einen leeren (alten, goldenen) Bilderrahmen legt jede*r ein Symbol, einen Gegenstand, ein geschriebenes Wort, eine Postkarte o.Ä. (was man im Raum findet, dabeihat oder heute entstanden ist), das ausdrückt: Das war mein Thema für heute, das nehme ich mit, das war mir heute wichtig.

Engels-Karten

Karten mit verschiedenen Engels-Namen liegen aus (z.B. Engel der Gelassenheit, des Muts, der Freundschaft). Jede*r nimmt sich den Engel, »den ich jetzt gut gebrauchen kann« oder »der heute bei mir war«, und erzählt darüber, was er*sie mag.

13 GLAUBEN LEBEN: ANDACHTEN UND GOTTESDIENSTE

Glauben an Gott und die Wohltat von Andachten möchten ausprobiert und erlebt werden. Die Erfahrung und die Freizeitstudie[46] zeigen, dass junge Menschen gerade Andachtszeiten und Gebete als die großen Beziehungsmacher einer Gruppe erleben. Deshalb lohnt es sich, ein Setting für die und mit den Konfis zu gestalten, in dem sie sich wohlfühlen und entspannen können (siehe Kap 6: Glauben und Spiritualität).

Bei den ersten Malen leiten erläuternde Worte, warum es ein persönliches Herzensanliegen sein kann, gemeinsam eine Andacht zu feiern und was wann wie wieso geschieht, Konfis in eine öffnende Achtsamkeit: »Habt ihr Ideen, was eine Andacht ist? … Es ist eine Zeit, die wir uns nehmen, mit Kerzen und Gedanken an Gott. Wir beten zusammen, wir wünschen uns Gutes, wir sagen Gott, was wir erlebt haben und hoffen auf Gottes Begleitung. Mir tun solche Zeiten gut, sie helfen mir, die Seele zu ordnen. Und ich finde es schön, mich in dem Gedanken zu bergen, dass Gott ganz nahe bei mir und uns ist, dass Gott uns hilft.«

13.1 Gottesdienste und Andachten mit Konfis feiern

Inhalte

Inhaltlich eignet sich alles, was ein Thema oder eine gemeinsame Erfahrung öffnet bzw. abschließt. Anschaulichkeit erhöht die Aufmerksamkeit und eigene Auseinandersetzung. Z.B. können

- Symbole (Klagemauer, Schlüssel, Straßenschilder …)
- Lieblingsprodukte der Konfis,
- eine gemeinsame Abendmahlsfeier,
- die Deutung der Gruppendynamik

die Gemeinschaft sinnbildlich erleben lassen und mit Gott in Verbindung bringen.

Gebete

Gebete zeigen, was den Einzelnen etwas bedeutet. Sie verbreiten ein einzigartiges Erleben des Zusammengehörens und des Aufgehobenseins. Bewährt hat sich eine Mischung aus frei formulierten und gemeinsam gesprochenen Gebeten wie das Vaterunser. Sie können ganz inniglich sein, etwas kicherig, entspannt – je nachdem, in welcher Stimmung sich die Gruppe befindet. Die aktuellen Belange der Gruppe kommen zur Sprache. Es kann gebetet werden

- um Antworten auf Fragen der Konfis,
- um Gesundung für kranke, Trost für traurige, Schutz für umziehende Konfis,
- um Klärung von Streit, Missverständnissen, Langeweile, Verwirrung, um Spaß für die Konfis, Klugheit für die Leitung,
- für die Anliegen der Konfis, die sie zuvor aufgeschrieben haben,
- und um vieles mehr!

»Nun ist die Möglichkeit, Gott die eigenen Wünsche und Sorgen anzuvertrauen. Wenn du magst, kannst du die Augen schließen. Oder du schaust einfach in das Licht der Kerze. Beides hilft, sich vorzustellen, Gott ist jetzt ganz nah. Ich fange an, ein paar Bitten laut auszusprechen. Dann lasse ich eine Pause. Du kannst in der Zeit leise für dich beten oder laut aussprechen, was dir auf dem Herzen liegt. Zum Schluss leite ich über zum Vaterunser – dem Gebet, das Jesus uns geschenkt hat …«

Hinweis: Das Vaterunser ist ein anvertrautes Gebet, das mehr ist als eine Aufgabe zum Auswendiglernen. Gemeinsames Beten in wohliger Atmosphäre, verdichtetes Inszenieren der Worte oder begleitende Bewegungen unterstützen eine Verankerung im Herz und Gehirn. Dies ist kein Votum gegen das Auswendigkönnen des Gebets, sondern der Wunsch, die Worte mit positiven Emotionen zu verbinden, mit Vertrauen, Standhaftigkeit, Stärke, Behütung.

Segen

Ein zugewandt gesprochener Segen verströmt eine beschützende Atmosphäre. Für Konfis kann er eine hohe Bedeutung gewinnen, wenn sie spüren »Ich bin gemeint«.

- Es werden Lieblingssegen gesammelt und ausgedruckt. Laminiert halten sie die Konfi-Zeit über und länger. Sie werden in einer ästhetischen Kiste aufbewahrt. Am Ende jeder Andacht kann ein*e Konfi einen Segen ziehen und vorlesen.
- Welches Segenslied mögen die Konfis? Den irischen Segenswunsch? Den Refrain von »Von guten Mächten«? Gerade bei Freizeiten kann es geschehen, dass einige sich beim Singen zu einer Segenskette verbinden und die Segensgemeinschaft spürbar wird.

- »An den Händen fassen« mögen die Konfis oft nicht. Sei es, weil sie pubertäts-schweißnasse Hände haben, sei es, dass sie sowieso gerade scheu in solchen Angelegenheiten sind. Was der Erfahrung nach gut geht, wenn die Gruppe gut zusammengewachsen ist: »Streckt bitte die linke Hand nach vorne und formt daraus eine Schale. Wir können uns vorstellen, dass Gott ganz viel Segen, ganz viel Gutes und Kostbares hineinlegt. Und es ist so viel, dass es überfließt. Deshalb legen wir die rechte Hand an die Schulter unserer Nachbar*in. Wir geben das Gute und Stärkende von Gott weiter.« Es folgt ein Segenszuspruch. Oder: Die Hände werden zur Seite ausgestreckt, die rechte Hand mit der Handfläche nach unten, die linke mit der Handfläche nach oben. Die Konfis führen die Hände übereinander, ohne sich zu berühren, aber ganz nah. Die Wärme ist zwischen den Handflächen zu spüren.
- Zu besonderen Gelegenheiten oder wenn gerade das Thema »Segen« erforscht wurde, kann ein persönlicher Segen zugesprochen werden: »Wer mag, bekommt nun einen Segen persönlich zugesprochen. Ich/wir kommen zu euch und zeichnen euch ein Kreuz – wenn ihr mögt – auf die Stirn. Oder ihr haltet die Hand hin, dann zeichnen wir das Kreuz auf eure Handfläche.«

Kleine Andenken

Kleine Andenken tragen die Erinnerung an Gottes Gegenwart in den Alltag und stärken das Gruppengefühl. Dazu zählen Bibelverse oder Segenskarten (in Visitenkartengröße ausgedruckt oder gekauft), Teelichter, Stabkerzen, bedruckte Armbänder, Handschmeichler in verschiedenen Formen, Aufkleber mit ansprechend gestalteten Sprüchen u.v.m. Gezielt zu besonderen Anlässen verteilt, entfalten sie ihre eigene Wirkung.

13.2 Andachten und Gebete zu verschiedenen Gelegenheiten

Morgenandachten

Der Tag startet. Die einen üben noch das Aufwachen, die anderen sind schon topfit. Als Start in den Tag bietet sich eine Andacht an, die die Lebensgeister weckt. Vom Inhalt her möge sie ein Opener sein, neugierig machen, verheißungsvoll locken. Ein Gebet darf hier ein Trimm-dich-Gebet sein, ein Anspiel zum lauten Lachen, die Lieder flott und mit Bewegungen.

Andachten mit besonderen Themen

Eine eigene Adventsandacht vor einem gemütlichen Filmnachmittag, das Thema Sterben und Auferstehungshoffnung im November, Filme oder (online-)Spiele, die die Konfis faszinieren, Leistungsdruck in der Schule, Clips aus den Social Medias – alle Lebensäußerungen, die emotional stark besetzt sind, lohnen sich zum Thema einer extra Konfi-Andacht zu machen. Sie bieten die Chance, sich direkt mit den Interessen der Konfis zu beschäftigen und sich erklären zu lassen, warum eine Story so faszinierend ist oder uns bewegt.

Tischgebete

Es ist nach wie vor wohltuend, gemeinsam ein Essen zu beginnen – und nicht einfach loszulegen, sobald eine Schüssel auf dem Tisch steht. Um dies zu einem fröhlichen Ritual werden zu lassen,

- gibt es Gimmicks wie Gebetswürfel oder Gebetstoaster – und ein*e Konfi kann jeweils aktiv werden und ein Gebet auswürfeln bzw. aus dem fiktiven Toaster holen,
- können Songs laut und schmissig gegrölt werden,
- kann ein kurzes Segensgebet gemeinsam gesprochen werden, bei dem alle das Essen auf dem Tisch segnen.

Gebet und Segen auf Entfernung

Wenn nach Freizeiten das Abendgebet plötzlich fehlt, wenn Zeugnisphase ist, wenn Konfis alleine zu Hause sind (wie z.B. während der Lockdowns der Pandemie oder bei Krankheit) können Gebete oder Segen direkt nach Hause geschickt werden. Wenn die KonApp oder ein gemeinsamer Messenger-Dienst genutzt wird, können die himmlischen Grüße direkt versandt werden. Es gilt wieder: Vorher verabreden, dass ab einer bestimmten Uhrzeit die Gruppe leise gestellt und nicht mehr geantwortet wird. Es kann nämlich sein, dass einige sowohl ihre Freude über einen Vers mitteilen, alle sich einander »gute Nacht« wünschen, von ernsten Kümmernissen schreiben.

Wird dies positiv angenommen, können Gebetsimpulse bzw. Andachtsgedanken für eigene Gebete zuhause verschickt werden (z.B. wöchentlich): »Wenn du magst, setze dich gemütlich hin und zünde dir eine Kerze an. Was möchtest du Gott heute sagen? Du kannst einfach eine Zeit lang entspannen. Bete zum Abschluss das Vaterunser und sage laut: Amen. Dann puste die Kerze wieder aus. Schlaf gut und träum schön!«

Abschlussandachten

Der Abschluss der gemeinsam verbrachten Zeit (einer Konfi-Einheit, eines gemeinsam verbrachten Tages) darf schlicht und sich wiederholend sein. Die Konfis möchten sich verlassen können auf das, was kommt, z.B. ein Segenskreis mit gemeinsamem Lied oder Gebet, ein Stillewerden um eine Kerze herum und zusammentragen, was die Einzelnen heute erlebt haben. Insgesamt gilt: Weniger ist oft mehr.

13.3 Andachten und Gottesdienste mit Konfis vorbereiten

Grundsätzlich ist eine Beteiligung von Konfis bei Gottesdiensten und Andachten wesentlich fruchtbarer, als sie zu Besuchen von Gottesdiensten, die sie langweilig finden, per Stempelkarte zu zwingen. Denn im Vorbereiten und Mitagieren entwickeln sie ihre Persönlichkeit, dringen tief in die Themen ein, bilden ihre Meinung weiter und sind innerlich wie äußerlich engagiert. Dadurch werden solche Gottesdienste obendrein für die weiteren Besucher*innen zu einer echten Bereicherung – gerade in Fragen, Zweifeln und Stolperern.

13.3.1 Vorentscheidungen

Was für ein Gottesdienst wird gestaltet und gefeiert?

- Wird der übliche Gemeindesonntagsgottesdienst gestaltet?
- Wird eine Andacht, ein Jugendgottesdienst oder ein Gemeindegottesdienst vorbereitet?
- Findet der Gottesdienst in der Kirche statt oder zum Abschluss auf dem Camp, als Taufgottesdienst am Badesee, zu Beginn eines Themenabends?

Wie weit reicht die Beteiligung?

- Soll der ganze Gottesdienst von Konfis erarbeitet bzw. gefeiert werden oder einzelne Teile?
- Wird Bezug auf bereits erarbeitete Werkstücke und Gedanken der Konfis genommen oder ganz neu gedacht?
- Machen alle mit bei der Durchführung oder nur ein Teil der Gruppe? Kommen alle Konfis oder ist die Teilnahme gänzlich frei?

Grundsätzlich können alle Teile eines Gottesdienstes oder einer Andacht von Konfis vorbereitet und gefeiert werden. Und grundsätzlich kann für jede Person eine Beteiligung gefunden werden.

13.3.2 Vorbereitung, Feiern, Nachbereitung

In diesem Prozess nehmen die Verantwortlichen eine coachende und ermutigende Rolle ein. Sie unterstützen den Prozess mit Hintergrundwissen, helfen mit Ideen und Erläuterungen und suchen nach Lösungen, wenn die Konfis nicht weiterwissen.

Wie viel Vorbereitungszeit wird eingeplant?

- Für einen Gottesdienst ausschließlich mit der anwesenden Gruppe ist ein Zeitraum von eineinhalb Stunden, in dem die Konfis in verschiedenen Kleingruppen arbeiten, höchst produktiv.
- Für die Erarbeitung eines Sonntagsgottesdienstes benötigt es für die Inhalte sowie für das Ausprobieren mehr Zeit. Die Konfis bekommen ausreichend Gelegenheit zu üben, wo sie wann stehen, wie sie ins Mikro sprechen, wie sie sich im Raum bewegen (dass im Gottesdienst alles anders kommen kann, ist nicht schlimm, sondern meist sympathisch).
- Wenn besondere Materialien eingesetzt werden sollen (Liederzettel, Kerzen, PowerPoint-Präsentationen …), wird für diese Vorbereitung Zeit eingeplant oder ein extra Team gebildet.

Brainstorming und Themenfindung

- Gerade wenn Werkstücke (Raumschiffe von Gottesexpeditionen, Fotostories, Actionpainting-Werke, Standbilder, Umfragen im Stadtteil …) entstanden sind, bieten sie sich als Untermalung oder Ausdruck einer Lesung oder Predigt an.

- Ist ein Bibeltext intensiv erforscht worden und sind daraus Umsetzungen ins Heute entstanden (ein Song, ein »Gespräch auf dem Sozialamt«, ein Theaterstück …), können diese z.B. den Lese- und Predigttext veranschaulichen.
- Gibt es einen vorgegebenen Text, schließt sich am besten erst einmal ein Brainstorming an, um eine Idee oder einen Titel für den Gottesdienst zu finden.
- Wenn die Rahmenbedingungen völlig frei sind, kann mit einer spielerischen Umfrage herausgefunden werden, welches Thema die Konfis gerade am meisten beschäftigt.

Möglicher Ablauf

Eine schlichte, vorgegebene Liturgie hilft zur Orientierung, z.B.:

- Musik
- Begrüßung
- Musik
- Psalm (modern, Collage, traditionell) & Ankommens-Gebet
- Musik
- Lesung/Anspiel/Aktion
- Glaubensbekenntnis (selbstverfasst, modernes Bekenntnis, apostolisches Bekenntnis)
- Musik
- Predigtteil/Anspiel/Aktion
- Musik
- (Ankündigungen)
- Fürbitten (mit Einsammeln, Kerzen anzünden oder Klagemauer)
- Vaterunser
- Segen (zugesprochen, mit Segensgeste, mit Gemeinschaftsaktion)
- Musik

Wenn die Konfis Fragen zum Ablauf haben oder einen Änderungsvorschlag einbringen, wird gemeinsam überlegt, was warum einleuchtend wäre. So eine Liturgie darf natürlich angepasst werden, nur: Nicht alle Veränderungen unterstützen den Spannungsbogen eines Gottesdienstes.

Einteilung in Kleingruppen

Die Konfis teilen sich nach Wunsch ein. Je nach Anzahl der Konfis und Teamer*innen können die Aufgaben der Gruppen zusätzlich unterteilt oder zusammengefasst werden. Finden sich für eine Aufgabe keine Freiwilligen, wird überlegt, welche Lösung es geben kann (z.B. kann eine andere Gruppe den Teil mitübernehmen, Teamer*innen bzw. Hauptamtliche können unterstützen oder es kann mit einer Ermutigung doch eine Gruppe gewonnen werden).

- *Raumgestaltung und Aufräumen*: Neben der Vorbereitung, dem Aufbau, der Entscheidung für das Setting (z.B. klassisch nach vorne ausgerichtet mit Altar oder im Kreis mit gestalteter Mitte) und dem Schmücken des Raumes kann diese Gruppe ebenfalls die Begrüßung der Besucher*innen beim Ankommen übernehmen, ggf. Kerzen oder Gebetszettel verteilen u.a.
- *Lieder und Musik*: Diese Gruppe sucht die Lieder bzw. die Musik aus und bereitet die Umsetzung vor, sodass wahlweise Lieder eingespielt werden oder eine Band, ein*e Gitarrenspieler*in oder Kirchenmusiker*in gut vorbereitet ist. Die Gruppe überlegt (und setzt um), ob aus einem Heft/Buch gesungen oder ob Liederzettel bzw. eine PowerPoint-Präsentation benötigt wird.
- *Psalm, Ankommens-Gebet, Fürbitten bzw. Gebetsaktion:* Diese Gruppe kümmert sich um einen Psalm, sucht oder schreibt Gebete bzw. denkt sich eine Gebetsaktion aus. Inhaltlich kann in dieser Gruppe zusätzlich die Suche nach einem passenden Segenstext anvertraut werden.

- *Bibeltext*: Anhand des Themas sucht die Gruppe einen Bibeltext und beschäftigt sich mit ihm. Daraus entsteht eine Nacherzählung des Textes, eine Übertragung ins Heute, ein Anspiel usw. Zur Unterstützung kann eine Vorauswahl an Texten angeboten oder der Umgang mit einer Konkordanz gezeigt werden. Es kann eine Person mit Bibeltextüberblick helfen.
- *Predigt*: Ausgehend von dem, was im Mittelpunkt der Predigt stehen soll (Werkstück, Symbole, …), findet die Gruppe die Form und die Inhalte der Predigt (Interview, Präsentation, ein Quiz als Aufhänger, Darstellung der eigenen Gedanken). Im Prozess stimmt sich diese Gruppe mit der Gruppe »Bibeltext« ab.
- *Begrüßung, Überleitungen*: Konfis oder Teamer*innen erarbeiten sich den Überblick und die Einfühlung in die Situation. Die Moderationen (und Alternativen) werden auf Karten geschrieben und gut geübt. Diese Teile des Gottesdienstes ermöglichen den Teilnehmenden entspanntes Feiern des Gottesdienstes.

Begleitung und Unterstützung der Kleingruppen

- Von vornherein können Hefte mit Psalmübertragungen, Gebeten, kurzen Texten bereitliegen, Deko-Elemente, Kerzen und Verkleidungen. Das öffnet den Ideenreichtum der Konfis und fördert die Ideenfindung.
- Während der Kleingruppenphase(n) gibt das Team Unterstützung. Nach der Einteilung in Gruppen und einem ersten Brainstorming werden vermutlich Anfragen kommen (z.B. »Können wir …?« »Dürfen wir …?«). Um die Ideen der Konfis gut zur Geltung zu bringen, kann es helfen, sich den Spannungsbogen eines Ablaufs noch einmal vor Augen zu führen. So fügen sich die Ideen in das Gesamtgeschehen ein.
- Wenn Wünsche nicht direkt umgesetzt werden können oder Material fehlt, wird gemeinsam überlegt, welche Lösung es

für das Problem gibt, wo z.B. Material ausgeliehen, gekauft, gefunden werden kann.

- Die Erfahrung zeigt, dass die Gruppen unterschiedlich die Zeit für ihre übernommenen Aufgaben nutzen. Es helfen zum einen Rückfragen (»Habt ihr alles, benötigt ihr etwas, erzählt mal …«) – da fällt den frühfertigen Gruppen oft noch Ergänzendes ein. Zum anderen können sie beginnen zu üben.

Letzte Absprachen

Kurz vorher sammeln sich alle innerlich und äußerlich: Haben alle alles? Möchte noch jemand zur Toilette? Wissen alle, wo sie gut stehen und sitzen können? Fehlt noch irgendetwas? Viele werden in diesem Moment sehr aufgeregt sein, unabhängig, ob noch weitere Gottesdienstbesuchende kommen oder sie den Gottesdienst bzw. die Andacht für sich feiern. Eine Erinnerung daran, dass Fehler sein dürfen, dass sie manchmal sogar besonders gut passen und dass die Konfis einen mutigen Schritt wagen, unterstützt die jungen Menschen. Und ein Gebet und ein Snack vorneweg schaffen eine entspannende Atmosphäre. Sollte sich die Aufregung hochschaukeln, helfen Sprechübungen mit Korken im Mund, Dehn- oder Atemübungen, um das Gehirn zu überlisten.

Durchführung

Wenn ein*e Teamer*in oder Hauptamtliche*r während der Feier des Gottesdienstes die »Regie« übernimmt, d.h. per Blickkontakt oder Übergangsmoderationen die jeweiligen Akteur*innen auf ihren Einsatz aufmerksam macht, gibt dies Ruhe. Wenn die Konfis das Vertrauen haben, dass notfalls eine Person einspringen kann, Übergänge meistert und Deutungszusammenhänge aufzeigt, fühlen sie sich sicher. Schließlich sollen sie hinterher stolz auf sich sein können.

Feedbackrunde

Was für ein Geschenk: Die Konfis sind mutig gewesen und haben sich getraut, etwas von ihrem Glauben zu zeigen. Einige werden stolz auf sich sein, andere schämen sich, weil ihnen ein (vermeintlicher) Fehler passiert ist. Eine Feedbackrunde (siehe Kap 12.3: Feedback) bündelt das Erlebte und würdigt den emotionalen und körperlichen Kraftakt der Konfis. Gebet und Segen entlassen die Konfis in den weiteren Tag oder Abend.

13.4 Die Konfirmation

Die Konfirmation ist ein großes Fest für die ganze Familie. Für die Konfis wird es das erste Mal sein, dass sie in so großem Stil im Mittelpunkt stehen. Segen und Geschenke, Familienfest und Loslösung – viele Themen mischen sich und werden im Gottesdienst zelebriert. Je persönlicher der Konfirmationstag auf die Konfis und ihre Familien eingeht und darin auf Gottes Gegenwart hinweist, desto nachdrücklicher bleibt er in Erinnerung.

Vorbereitung

Zu Beginn steht die Sammlung von Möglichkeiten:

- Welches sind die Lieblingslieder der Konfis? Was verbinden sie mit der gemeinsamen Zeit? Welches sind ihre Konfirmations-Sprüche? Was haben sie gerne getan? Zur Erinnerungshilfe dienen Fotos, Werkstücke, Anekdoten, was sie bewegt hat.
- Wofür soll gebetet werden? Haben die Konfis eigene Glaubensbekenntnisse geschrieben? Gibt es Symbole/Slogans für die gemeinsame Zeit?

- Gibt es Ideen, den eigenen Glauben auszudrücken (z.B. Standbilder zur Lesung, ein eigenes Anspiel, ein Interview, meditative Texte, eigene Bilder)?
- Inwieweit können Teamer*innen mitwirken? Gibt es eine Band?
- An welchen Stellen kann die Liturgie schlicht gehalten werden? Länger als 60-75 Minuten sollte kein Konfirmationsgottesdienst dauern. Selbst wenn es für die Verantwortlichen schwer ist: Lieber eine Gruppe teilen und eine zweite Konfirmation planen, als die Nerven der Gäste überzustrapazieren. Sie sollen die Zeit bei uns genießen.
- Für alle hilfreich wäre es, ein Programmheft für alle Gäste in der Kirche vorbereitet zu haben, das alle Lieder, kurze Regieanweisungen und den Text von gemeinsam gesprochenen Texten wie das Vaterunser enthält. Ein solcher Leitfaden hilft, sich zurechtzufinden – und wird hinterher aufbewahrt als Erinnerung an diesen besonderen Tag.

Aus diesen Vorbereitungsideen ergibt sich schon das Allermeiste des Gottesdienstes. Vermutlich wird eher etwas weggelassen.

Lesung

Welche Bibelgeschichte passt zu der Konfi-Gruppe? Haben sie selbst einen Gottesdienst gestaltet zu einer Geschichte? Oder wird eine Collage aus den Konfi-Sprüchen zusammengestellt? Eine Übersetzung, die den Hörgewohnheiten der Menschen entgegenkommt, hilft kirchenungeübten Menschen, in das Geschehen hineinzufinden. Steht sie an eigener Stelle oder wird sie in die Ansprache integriert?

Predigt

Eine Schatztruhe voller Erinnerungsstücken aus der Konfi-Zeit (eine Handvoll Sand, ein Pflaster, eine geschmolzene Kerze), eine Sammlung Schuhe (Babystrumpf, Highheel, Gummistiefel, Lederschuh), Fußspuren, die in der ganzen Kirche ausgelegt werden – solche Gegenstände können die Konfi-Zeit, die Konfis, Gott und den großen Tag verbinden. Zum Ende der Predigt können kleine oder große Erinnerungsstücke der Konfis überreicht werden. So wird der Bogen der Konfi-Zeit aufgespannt und vollendet und vertieft die Bedeutung der gemeinsamen Zeit.

Generalprobe/Stellprobe

Um den Konfis Sicherheit zu geben und damit die Konfirmation möglichst entspannt verläuft, hilft ein vorheriger kompletter Durchgang durch den Ablauf der Konfirmation: In welcher Reihenfolge geht wer wann wie wohin, wie funktioniert ein gemeinsames Hinsetzen oder Aufstehen, in welcher Gruppengröße kommen die Konfis zum Segen nach vorne, wird zum Segen gekniet (und wenn ja, wie) oder nicht? Es unterstützt die Konfis, wenn sie die (vermutlich neuen) Schuhe zur Probe mitbringen – glatte Ledersohlen und ungewohnt hohe Absätze wollen auf dem Kirchenfußboden getestet werden (und zusätzlich kann man unauffällig kontrollieren, ob alle Preisschilder entfernt sind).

Der Konfirmationssegen

Die Einsegnungsgruppe kommt nach vorne. Die Konfis knien nieder – wenn das so vorab besprochen wurde. Ein*e Pate*in, ein*e Lebensbegleiter*in oder ein*e Teamer*in liest den Konfi-Spruch vor. Dem*der Konfi werden die Hände aufgelegt. Die Segensworte passen zum selbst ausgesuchten Bibelvers. Es wird der nächste Spruch vorgelesen, der*die nächste Konfi gesegnet.

Dieser Segen möchte zelebriert werden und ist der Höhepunkt des ganzen Gottesdienstes. Ein Segen, der über alle Köpfe huscht, ist für das Geschehen unwürdig. Der einzelne, persönliche Zuspruch ist unter die Haut gehend, sodass alle Beteiligten die Bedeutung des Segens spüren.

C SONSTIGES

14 ORGANISATORISCHES

14.1 Werbung für die Konfi-Zeit

Wir Menschen freuen uns über Einladungen, die übersichtlich und ästhetisch gestaltet sind und Lust machen, der Einladung zu folgen. Somit geht es bei einer Einladung zur Konfi-Zeit darum, eine positive Stimmung zu erzeugen und den Wunsch zu wecken: »Das will ich erleben!« Oder: »Das wäre etwas für mein Kind!«

Eine Einladung zur Konfi-Zeit bekommt wenige, leicht verständliche Sätze, die inhaltlich ausgerichtet sind an Gemeinschaft, Spaß, Zeit, Gott- und Sinnsuche. Die besten Korrekturtipps geben Konfis, Teamer*innen und Eltern.

- Organisatorische Informationen werden auf ein Minimum reduziert und übersichtlich gegliedert. Weiterreichende Angaben finden auf der Homepage zum Download und auf dem Info-Abend als Handout einen guten Platz.
- Inhalt und Atmosphäre werden über ein oder mehrere Bilder (bzw. Clips auf Homepages) ausgedrückt. Großaktionen, Andachten, ein Fotoshooting mit Teamer*innen ermöglichen, solche Stimmungsbilder zu erzeugen (siehe Kap 15.6: Bildrechte, Urheberrechte).

Schwarmkompetenz nutzen

Originelle Ideen und Power zur Umsetzung entstehen am besten mit mehreren zusammen. In einem engagierten Team potenzieren sich die Ideen und die Arbeit geht leichter von der Hand. Gerade wenn die Werbung neu gestaltet wird, ist die Findungsphase und die Umsetzung lustvoller.

- Die eigene Gemeinde bietet viel Potenzial, z.B. können ein Öffentlichkeitsausschuss, Werbefachmenschen im Kirchengemeinderat oder innerhalb der Mitglieder, die aktuellen Konfis und Teamer*innen aktiv in Text, Gestaltung und Verbreitung eingebunden werden.
- Befreundete Kolleg*innen, mit denen die Zusammenarbeit flutscht, einige Gemeinden in der Region und Konvente haben bestimmt ein ähnliches Interesse.
- Kirchenkreise/Landeskirchen bieten Unterstützung an.

Auf die Suche gehen

Neue, andere und weiterreichende Ideen für optische Gestaltung und Formulierungen bilden sich beim Stöbern. Homepages, Flyer, Karten, Gemeindebriefe zeigen verschiedene Stilrichtungen. Ebenso inspiriert Werbung für ganz andere Produkte, die auf die Zielgruppe »Jugendliche« zielt. Schon in dieser ersten Suchbewegung entwickelt sich ein Gespür, was möglich ist, was sofort umgesetzt werden kann, was etwas mehr Zeit benötigt und was erst nächstes Jahr verwirklicht werden kann (oder eben nicht).

Möglichkeiten ausloten

Viele Gemeinden nutzen den Gemeindebrief und ein Anschreiben an die Familien, die in der Gemeinde gemeldet sind, um für die Konfi-Zeit zu werben. Darüber hinaus gibt es viele verschiedene erprobte Ideen, um eine breitere Aufmerksamkeit zu erlangen, die

Grundstimmung im Umfeld zu stärken und vielleicht sogar zögerliche Familien zu erreichen:

- *Postkarten und Flyer:* Anstelle eines langen Briefes wird eine Karte bzw. ein Flyer entworfen. Text und Bild drücken aus: »Es geht um dich, um dein Leben, deine Fragen, um Gott und die Welt.« Sobald Spiel, Spaß, Spannung, Gott und Leben zusammenkommen, wird die Einladung neugierig machen. Solche Karten und Flyer werden für die persönlichen Anschreiben genutzt und im ganzen Stadtteil verteilt: Bäckereien, Kioske, Supermärkte, Sportvereine, Bürgerhäuser etc. Schulen bieten ein hohes Potenzial, wenn die Schulleitung der Verteilung in den Klassenzimmern zustimmt.
- *Homepages:* Gleich auf der ersten Seite wird gut sichtbar ein Hinweis auf die Konfi-Zeit platziert. Per Mausklick erscheinen auf der nächsten Seite Bilder, Clips, Beschreibungen, Informationen und Anmeldemöglichkeiten. Die Anmeldeformulare können heruntergeladen werden, am besten kann die Anmeldung online geschehen. Dieser Service hilft den Erziehungsberechtigten mit unregelmäßigen Arbeitszeiten und es ist inzwischen üblich, online »mal eben kurz« alle anstehenden Formalia des Alltags zu bewältigen.
- *Zeitungsartikel:* Orts- und Stadtteilblätter erreichen enorm viele Menschen. Um bei diesen Leser*innen Aufmerksamkeit zu erlangen, kann die reine Information zur Anmeldung z.B. durch Interviews von Konfis bzw. Teamer*innen aufgewertet werden. Gerne werden Bilder genutzt, um die Seiten zu gestalten. Im Laufe des Jahres wird immer mal wieder (unabhängig von der Anmeldezeit) auf Aktionen der Konfi-Zeit aufmerksam gemacht. Das stärkt dieses Angebot der Kirchengemeinde im allgemeinen Bewusstsein der Öffentlichkeit.
- *Plakate und Banner:* Plakate und Banner im gleichen Styling wie die Karten bzw. Flyer verstärken deren Effekt. Die Plakate können

nach Absprache ebenso großzügig im Stadtteil veröffentlicht werden wie die Flyer. Banner am Kirchturm oder Gemeindehaus machen die Einladung sichtbarer. Wenn das Banner jahreszahlunabhängig gestaltet ist, kann es über mehrere Jahre der Werbung dienen.

- *Social media:* Fotos, Clips und Mini-Texte laufen rasant durch die virtuellen Welten. Teamer*innen wissen am besten, was gerade up-to-date ist. Im Internet gibt es hilfreiche Tipps, wie lang gute Beiträge sind und wie eine Verbreitung mit dem entsprechenden Medium erreicht wird.
- *Besuche:* Immer häufiger machen sich Konfi-Verantwortliche auf den Weg, um Konfis persönlich einzuladen. Zur inneren Vorbereitung werden vorher Begrüßung und Gesprächsanfänge überlegt. Bewährte Gesprächs-Einstiege sind kleine Freundlichkeiten wie Postkarten, Kerzen, Kulis.
- *Regionale Aktionen:* Eine gemeinsame Power-Werbewoche in der Region, Popup-Aktionen auf dem Marktplatz, Mitmachevents beim Frühlingsfest der Kommune, spannende Fragen, bei denen Menschen mitdenken, pfiffige Slogans, Andenken wie Segensbänder regen an, sich mit den eigenen Gedanken und den Angeboten der Kirchengemeinde auseinanderzusetzen.
- *Mund-zu-Mund-Propaganda*: Die allerbeste Werbung machen Konfis, Teamer*innen und Eltern selbst, wenn die gemeinsame Zeit klasse ist. Sie müssen danach nur noch ermutigt werden, anderen davon zu erzählen.

Prozesse gestalten

Nun wird gesichtet und sortiert, eine Zeitleiste entsteht, Aufgaben werden verteilt: Erstellung des Entwurfs (in Eigenregie oder unter Fremdvergabe), Überprüfung, Verteilung des Materials,

Koordination der Aktionen, Absprachen mit dem Kirchengemeinderat. Im Prozess selbst wird sich noch vieles verändern. Manche sind mit Gewinn einzubeziehen, andere nach Abwägung zu verwerfen, doch nun wird immer sichtbarer, was werden wird. Überprüfungsfrage: Macht das (neue) Material Lust auf Konfi-Zeit und ist das alles zu bewältigen?

Gemeindebüro einbinden

Viele Gemeindebüros leisten tolle Arbeit und verbreiten eine herzerwärmende Atmosphäre. Gleichzeitig stehen oft nur wenige Stunden zur Besetzung der Büros zu Verfügung bzw. viele sind gar nicht mehr besetzt. Die Arbeit muss trotzdem gemacht werden. Interessierte Eltern rufen an oder kommen vorbei, die Verwaltung will erledigt und die Kommunikation mit den Familien zeitnah in den Fluss gebracht werden – neben all den anderen Belangen der Gemeinde! Werden die Verantwortlichen in den Gemeindebüros regelmäßig informiert und in die Überlegungen einbezogen, werden sie eigene Vorschläge entwickeln, was die Arbeit erleichtert. Schließlich sind sie die Expert*innen für die Abläufe und Bedarfe. Und durch manch organisatorische Umstellung kann der Alltag vereinfacht werden, z.B.

- kann eine Anrufweiterschaltung zwischen den Gemeindebüros einer Region eine bessere Abdeckung der Erreichbarkeit gewährleisten,
- kann eine gemeinsame – datenschutzrechtlich sichere – Cloud o.Ä. die Konfi-Datenverwaltung für eine regionale Zusammenarbeit bündeln,
- können bei einer regionalen Zusammenarbeit die Arbeitsbereiche aufgeteilt werden: Daten, Briefe und Mailings werden zentral bearbeitet, dafür kümmert sich eine andere Person um andere Aufgabengebiete,

- kann eine in sich logische, für alle Befugten erreichbare Ablage der Vorlagen, Zeitpläne, der Struktur die Arbeit in den Folgejahren erleichtern. Wenn ansprechende Vorlagen erstellt sind, werden sie das nächste Mal ergänzt überarbeitet und aktualisiert (größere Umwälzungen finden ja nur alle paar Jahre statt).

Bei einer weitreichenden Zusammenarbeit von Gemeindebüros helfen die Fachstellen im Kirchenkreis, die Erfahrungen mit erprobten Programmen und Modellen haben und um die rechtlichen Grundlagen wissen.

14.2 Kontakthalten

14.2.1 Info-Abende

Wie schön, dass die Erwachsenen uns ihre Kinder anvertrauen, dass sie der Konfi-Zeit und Konfirmation zutrauen, ihren Kindern etwas Sinnvolles auf den Lebensweg mitzugeben.

Allerdings löst das Wort »Elternabend« kaum Stürme der Begeisterung aus. Schließlich haben die allermeisten Erziehungsberechtigten mit Beruf, Familie und weiteren Verpflichtungen ausreichend viel zu tun. Doch können diese Abende dennoch gelingen:

Die Einladung

- Es wird vorab entschieden, ob nur die Erziehungsberechtigten eingeladen werden oder ob das Treffen gleichfalls für die Konfis geöffnet wird. Schließlich betreffen viele Themen die Konfis selbst.
- Peppige Titel, die mit dem Namen der Kirche verbunden sind oder mit dem Wort »Konfi-Zeit« spielen, wirken einladend. Als

Untertitel reicht »Info-Abend zur Konfi-Zeit« bzw. »Info-Abend zur Konfirmation«.

- Es ist erleichternd wenn der zeitliche Rahmen gleich mit genannt (und eingehalten) wird: »60 Minuten rund um die Konfi-Zeit – im Anschluss Möglichkeit zum Verweilen und Plaudern«.
- Insgesamt unterstützen kurze Sätze, ein aufgelockertes Schriftbild, Fotos oder Icons, die die Inhalte des Treffens veranschaulichen, eine einladende Atmosphäre.

Die Info-Abende

- Der Raum wird einladend gestaltet. Die Atmosphäre trägt maßgeblich dazu bei, ob alle gerne (wieder)kommen.
- Getränke und etwas zu knabbern zeigen Menschen jeden Alters: Du bist willkommen.
- Eine Präsentation stellt die Inhalte übersichtlich dar. Ergänzende Fotos oder Highlightfilme vermitteln positiv, wofür die Absprachen, Unterschriften etc. nötig sind.
- Teamer*innen können dazukommen, sich vorstellen, erzählen, warum sie mitmachen.
- Alle Daten, Uhrzeiten und Orte werden vorab in übersichtlicher Form, im handlichen Format zum Mitnehmen zusammengestellt. Alle Einverständniserklärungen, Notfallzettel, Packlisten liegen parat. Wenn Unterschriften benötigt werden, erleichtert es die Arbeit, wenn diese während des Treffens geleistet werden.
- Elemente wie eine Vorstellungsrunde, gemeinsames Lied, Gebet und Segen können (je nach Gruppengröße) gut in den Ablauf aufgenommen werden. Es bietet sich an, exemplarisch ein Element aus der Konfi-Zeit einzuführen, z.B. den Abschluss-Segen oder das Abschluss-Lied jeder Konfi-Einheit. Da viele Erziehungsberechtigte kirchen-ungewohnt sind, sind thematische

Inputs dezidiert niedrigschwellig einzuführen und als Angebot offenzuhalten. Vielleicht ergibt sich weiteres Interesse bei Einigen.

- Eine genaue Notiz, welche Erziehungsberechtigten nicht anwesend sein konnten, hilft bei der Nacharbeit: Schließlich müssen alle die Infos erhalten bzw. Einverständnis-Erklärungen zustimmen oder verweigern können.
- Neben all den Vereinbarungen (z.B. Anwesenheit der Konfis bei der Konfi-Zeit, Abmeldungen im Krankheitsfall, Foto-Erlaubnisse, Klärung über Nutzung digitaler Tools bzw. Messenger-Dienste) ist ein gutes Ambiente bei diesem ersten Info-Treffen grundlegend. Schließlich ist dieser Abend für viele Eltern ein erster Kontakt zur Kirche nach langer Zeit ohne Berührungspunkte. Das ist eine riesige Chance.
- Für einen weiteren Info-Abend kurz vor der Konfirmation gelten die obigen Punkte ebenfalls. Darüber hinaus werden Fragen zur Konfirmation gestellt (z.B. Wann soll wer wo sein? Was wird vereinbart bzgl. des Fotografierens während oder nach dem Gottesdienst? Wollen alle Maiglöckchen oder nicht?). Wenn für die Eltern noch die Möglichkeit besteht, Wünsche für ihre Kinder aufzuschreiben, damit diese in die Fürbitten aufgenommen werden können, werden sich alle noch mehr auf den großen Tag freuen.

14.2.2 Kontakthalten zu den Erziehungsberechtigten

Neben den Info-Abenden stärken Zwischendurch-Kontakte die Einbeziehung der Eltern. Sie sorgen für Transparenz und signalisieren die Ansprechbarkeit für Fragen. Darunter fallen

- Erinnerungen vor größeren Aktionen, bei denen die Konfis anwesend sein sollen,
- Einladungen zu besonderen Gottesdiensten, die mit den Konfis gestaltet werden,
- Einladungen zu attraktiven Angeboten für die Erwachsenen, vor allem wenn sie aus dem Kreis der Eltern heraus angeregt wurden,
- Informationen bei plötzlich auftretenden Veränderungen, um den Eltern ausdrücklich Rückfragen bzw. die Beteiligung an den Lösungen zu ermöglichen (wie z.B. bei der Corona-Pandemie oder nach Vorfällen auf Camps und Freizeiten).

Je nach Vereinbarung können die Infos und Einladungen per Messengerdienst, E-Mail oder Post versendet werden. Jede Möglichkeit hat ihre Vorteile und eigenen Gestaltungsfreiheiten.

Die meisten Eltern bevorzugen derzeit Textnachrichten, manche wählen E-Mails. Dabei ist aus der Erfahrung zu beachten:

- Nicht zuspammen! Es reicht, wenn alle vier Wochen eine ausgewählte Nachricht kommt. Ausgenommen sind kurzfristige Infos, die sich aus besonderen Umständen ergeben.
- Professionell zugewandte Formulierungen wählen. Sie signalisieren: »Ich kann mir vorstellen, dass dies für Sie interessant ist.« Und gleichzeitig: »Wir sind nicht automatisch best-friends.« Sowohl zu persönliche als auch zu allgemeine Nachrichten wirken unangenehm.
- Wenn Erziehungsberechtigte Kontakt suchen, Fragen oder Infos haben, wird von Hauptamtlichenseite aus fix reagiert, selbst wenn es »nur« die Nachricht ist, dass es einer gewissen Zeit bedarf, um eine adäquate Antwort zu finden. Natürlich folgt diese später. Furchtbar sind im Off verhallende Anliegen.

14.2.3 Kontakthalten zu den Konfis

Konfis wählen derzeit Textnachrichten, um untereinander und mit der Leitung in Kontakt zu bleiben. Fix eine Frage stellen, an einen Termin erinnern – texten geht schnell und unkompliziert.

- Auch hier gilt: Nicht zuspammen! Das nervt. Lieber ab und zu explizite Besonderheiten schicken: einen Segen, eine Erinnerung (fürsorglich gestaltet), ein Danke für eine berührende Konfi-Exkursion.
- Konfis texten manchmal ohne Anrede und Gruß. Die Verantwortlichen beginnen die Nachrichten mit einer namentlichen Anrede und enden mit einem Gruß.
- Wenn die Konfis per Nachricht Bescheid geben, dass sie (egal, warum) nicht am nächsten Termin teilnehmen, dann auch um eine Nachricht von den Eltern bitten.
- Wenn die Konfis viele Emojis in ihren Nachrichten nutzen, kann die Leitung ebenso welche nutzen – natürlich mit professionellem Abstand, Küsschen-Smileys sind unangemessen. Wenn die Konfis keine nutzen, werden diese bei der Antwort dezent gesetzt. Es reicht ein freundlicher Smiley.
- Da viele Nachrichten aus der Situation heraus geschrieben und versendet werden, leidet manchmal die Rechtschreibung bzw. die automatische Korrektur pfuscht dazwischen. Daher: Vor dem Abschicken immer noch einmal durchlesen, ob in der Nachricht wirklich steht, was geschrieben werden wollte.
- Vorsicht bei Abkürzungen oder Worten aus der Sprache der Jugendlichen. Es wirkt schnell »cringe«, wenn Erwachsene sich bemühen, Jugendsprache zu verwenden. Das geht nur, wenn die Ausdrücke untereinander eingespielt sind.
- Da Chatnachrichten schnell in die Welt gesetzt werden können, kann es in Chatgruppen manchmal zu unüberlegten

Ausrutschern kommen und zu ernsthaften Problemen, z.B. Diskriminierungen, Mobbing, unsachgemäße Verallgemeinerungen. Die verantwortliche Person textet natürlich sofort ein »Stopp« mit Begründung in die Gruppe und schreibt bzw. ruft daraufhin die beteiligten Personen direkt an. Je nach Schwere des Vorfalls wird er beim nächsten Treffen mit der gesamten Gruppe aufgegriffen (erforschend, gemeinsam lernend, soziale Kompetenzen fördernd).

14.3 Orga-Tipps und -Tricks

In Zeiten, in denen sich das Arbeitsvolumen etwas entspannt, z.B. wenn in Ferienzeiten keine Konfi-Einheiten stattfinden, können allgemeine Vor- und Nachbereitungen erledigt werden. Sie machen *einmal* Arbeit, aber erleichtern während der laufenden Arbeitswochen, weil im Hintergrund alles parat liegt. Jede Gemeinde benötigt z.B. Regale oder Schränke für Material dort, wo alle in der Konfi-Arbeit tätigen Menschen Zugang haben (im Konfi-Raum, Jugendhaus, Foyer).

Eine eigene Spiele- und Methodenkartei anlegen

Ein (analoger) Ordner oder Karteikasten mit guten Spielen und Methoden ist (neben dem unerschöpflichen Internet, das aber nicht so individuell sortiert ist) eine tolle Fundgrube für die Planung. Ein Spiel, das die Gruppe mit viel Spaß gespielt hat, leitet sich besser an als ein unbekanntes aus dem Spielebuch. Am besten macht das Team sich ein eigenes Ordnungssystem, in das neue Entdeckungen gleich eingetragen werden: Spiele, Warm up, Energizer, Gebete, Geschichten, Bibelarbeiten, Theaterspiele, Quiz-Fragebögen. Meistens bringen die jugendlichen Teamer*innen von ihren Kirchenkreis-Fortbildungen neue Spiele und Methoden mit, die gleich archiviert werden können.

Spielefundus

Eine Sammlung von Materialien für kooperative Spiele (viele kann man selbst herstellen, s.u.), die immer wieder und in unterschiedlichen Situationen gespielt werden können, z.B. Bambusstäbe, eine 2-farbige Decke, Holzklötze, ein »Tower-of-power«-Spiel, ein Spinnennetz, Regenrinnen wird zusammengestellt.

Requisitenfundus

Wunderbar ist ein Fundus, der für viele Methoden, Spiele und kreative Einheiten einsetzbar ist. Dazu zählen Grundausstattungen wie Tücher, Stäbe, Kartons, Seile, Bälle, Jonglierbälle, Wurfsäckchen, Pylonen, Karten-Sammlungen, eine Kiste mit symbolhaften Gegenständen, Werkzeuge, Teelichter im Glashalter, Decken. Hier finden zudem Skurrilitäten einen Platz wie quietschende Hühner, ausgediente Mikrofone, BigBags aus dem Bauhaus (nicht nur zum Vier-Mensch-Sackhüpfen), Geburtstags-Girlanden, Glitzerhirsche ... Auch wenn die Konfis erst kichern – diese Extras fördern »Kults« einer Gruppe (wehe, wenn sie mal missachtet werden!).

Materialfundus

Ein Grundequipment hilft für alle Konfi-Lebenslagen: Kulis, dicke Filzstifte, Eddings, weiche Wachskreiden, Kohlestifte, Din-A3-Papier, Wandzeitungs-Papier, bunter Tonkarton, Pappen, Scheren, Klebestifte, ein Karton mit (Jugend)Zeitschriften (für Collagen/Schnipselpoesie), Wolle, Stoffreste, Holzreste, Schuhkartons, Kerzenwachs. Was nicht mehr funktioniert (z.B. Stifte, die nicht mehr schreiben, eingetrocknete Klebestifte), wird gleich weggeworfen und ersetzt, wenn es zu wenige geworden sind.

DIY-Materialien

Viele Materialien können im »Do-it-yourself-Verfahren« (DIY) selbst hergestellt werden. Das spart Ressourcen und kann als Gruppenevent zelebriert werden (s.u.). In den Familien oder durch Ankündigen im Gottesdienst können die »Grundzutaten« gesammelt werden, z.B. alte T-Shirts (um T-Shirt-Garn herzustellen), Handtücher (Transportspiele oder um jederzeit einen Sitzkreis bilden können), Jeans (Konfi-Kissen nähen), Kirschkerne (Wurfsäckchen nähen), Laken (für einfache Verkleidungen), Vogelsand und Luftballons (Jonglierbälle selber machen).

Technik

Für den Technikeinsatz wird eine Kiste mit Verlängerungskabeln, Mehrfachsteckdosen, Ladekabel, Ladegeräte, Akkus, Mikrofone zusammengestellt. Kaputte Technik wird repariert oder entsorgt und ggf. neue gekauft bzw. gesammelt. Wenn Digitalkameras in der Gemeinde vorhanden sind, sollte auf sie Zugriff sein. Mit ihnen können Fotos gemacht oder Methoden wie Lightpainting umgesetzt werden.

Die Gemeinde einbeziehen

- Manches Material, das selten benutzt wird, ist in der Kita (z.B. Schwungtuch) oder in der Jugendarbeit (z.B. erlebnispädagogische Spiele) vorhanden und wird nicht doppelt angeschafft.
- Den Senior*innen- oder Bastelkreis anfragen z.B. fürs Schneidern von Kostümen für ein Theaterstück (dafür haben sie natürlich freien Eintritt).
- Im Gottesdienst ankündigen: Für die Konfi-Zeit wünschen wir uns gerade große Handtücher, Jonglierbälle, Legosteine, Schlümpfe. Viele Menschen freuen sich, wenn ihre aufbewahrten Sachen plötzlich Interessenten finden.

- Einen Nachmittag gemeinsam mit den Menschen, die nähen können oder basteln wollen, initiieren. So verbinden sich verschiedene Gruppen und Altersstufen, die Gemeinde spart Geld und es bringt Spaß.

Zuständigkeiten klären

Wer ist eigentlich grundsätzlich für das organisatorische »Drumherum« verantwortlich? Solche Einzelheiten im Konfi- oder Gemeinde-Team zu klären entspannt die Zeit der Vorbereitung. In Folge wird nicht jedes Mal neu geklärt, wer die Heizung anmacht, die Kekse besorgt, Sitzkissen bereitlegt und die Mitte passend zum Thema gestaltet.

Checklisten erstellen

Für Planungen, die im Laufe einer Konfi-Zeit immer wiederkehren (z.B. einzelne Konfi-Einheiten, die Übernachtung zum Kennenlernen, das KonfiCamp oder der Vorstellungsgottesdienst) wird mit Basisplänen oder Checklisten gearbeitet. Solche Listen können immer wieder kopiert, aktualisiert und abgearbeitet werden. Das erleichtert enorm den Ablauf und die Überarbeitung der inhaltlichen Planung.

15 GESETZESÜBERBLICK

Es gibt Bereiche im Leben und in der Konfi-Zeit, in denen wir keinen pädagogischen Spielraum haben, weil Gesetze, Richtlinien und Ordnungen sie regeln.

Es gilt,

- sie als verantwortliche Leitung zu kennen und einzuhalten,
- sie gegenüber Konfis und Eltern transparent zu machen und die Ernsthaftigkeit der Einhaltung aufzuzeigen.

Unsere pädagogische Aufgabe liegt darin, auf welche Art und Weise die Regeln bekannt gegeben werden, auf ihre Einhaltung geachtet wird und welche Konsequenzen wie geregelt werden, z.B.:

- Wir dürfen darauf vertrauen, dass Konfis und Teamer*innen die meisten Regeln von zu Hause, aus der Schule und aus dem gesellschaftlichen Diskurs kennen und befolgen. Daher werden sie gemeinsam zusammengetragen und durch die Leitungsperson ergänzt.
- Alle Regeln für die ganze Konfi-Zeit auf einmal zu nennen und zu meinen, dass alle sie jederzeit beherzigen würden, geht an der Realität der Jugendzeit vorbei. Es hilft, vor den jeweiligen Situationen (z.B. Fahrradtour) die entscheidenden Regeln für diesen konkreten Fall kurz und knackig in Erinnerung zu rufen.
- Die Einhaltung wird am einfachsten durchgesetzt, wenn frühzeitig (bei Anbahnung einer Regelüberschreitung) auf die Konfis

zugegangen wird, niemand angeschrien wird und die Gründe für eine Regel erläutert werden.

- Die erste Konsequenz nach Regelübertretung ist ein Gespräch. Oft gibt es Hintergründe zu einem Verhalten, die eine Situation in ein neues Licht stellen (z.B. ein*e Konfi hat *eigentlich* die Regel eingehalten, doch nicht ganz bis zu Ende gedacht; ein*e Konfi wollte ein*e andere*n schützen; »das war nicht nur ich, die anderen …«). Oft haben Konfis selbst Ideen, wie sie eine Situation heilen können.
- Weitere Konsequenzen sind der Situation angemessen zu wählen (Kloputzen hat keinen pädagogischen Mehrwert für Konfis; ein Elterngespräch ist eine deutliche Eskalationsstufe im Empfinden der Konfis und daher individuell auszutarieren; ein Nachhause-Schicken kann einerseits einer Gruppen-Schande gleichkommen, andererseits eine Entlastung für alle Beteiligten sein).

15.1 Jugendschutzgesetz

Das Jugendschutzgesetz (JuSchG) regelt den Schutz von Kindern (unter 14 Jahren) und Jugendlichen (über 14 und unter 18 Jahren) in der Öffentlichkeit.[47]

Einfach erklärt sind diese Gesetze auf der Seite des Bundesministeriums für Familie, Senioren, Frauen und Jugend (BMFSFJ), Stichwort: Jugendschutz einfach erklärt.

Die für die Konfi-Zeit wichtigsten Regeln lauten:

- Rauchen ist ausschließlich für Erwachsene über 18 Jahren erlaubt (Teamer*innen und Leitende).

- Alkohol erwerben und trinken ist in unseren Zusammenhängen für alle unter 16 Jahren absolut tabu. Für Jugendliche über 16 Jahren (Teamer*innen-Alter) ist Bier, Radler, Wein, Weinschorle, Sekt erlaubt. Ab 18 Jahren (Teamer*innen- und Hauptamtlichen-Alter) sind der Erwerb und das Konsumieren aller alkoholischen Getränke erlaubt.
- Der Aufenthalt in Gaststätten ist unter Leitungs-Aufsicht in allen Altersstufen möglich.
- Der Aufenthalt an jugendgefährdenden Orten ist absolut tabu.
- Bei Mediennutzung (Filme, Internet, Unterhaltungssoftware) sind die Angaben der FSK (freiwilligen Selbstkontrolle bei Filmen) und USK (der Unterhaltungssoftware-Selbstkontrolle) einzuhalten.
- Teilnahme an Glücksspielen ist nur erlaubt, wenn der Gewinn von geringem Wert ist (z.B. bei einer Tombola bei Gemeindeveranstaltungen).

Für die Konfi-Zeit, vor allem bei Freizeiten und Camps, ist ausnahmslos zu beachten, dass wir jederzeit eine Aufsichtspflicht (siehe Kap 15.2.) haben und in einer Vorbildfunktion handeln (das betrifft vor allem das Rauchen und Alkoholkonsum).

Bei Mediennutzung werden die jeweilige Gruppe und die einzelnen Mitglieder bedacht (nicht jede Filmfreigabe passt zu der Gefühlswelt der uns anvertrauten Konfis und Teamer*innen).

Deshalb:

- Für den Zigarettenkonsum der über 18-Jährigen werden gemeinsam Regeln vereinbart: Wo ist ein geschützter Ort zum Rauchen fürs Leitungsteam, in den die Konfis nicht hineinsehen können? Wie viele Teamer*innen und Verantwortliche gehen gleichzeitig in eine Rauchpause? Wie lange dauert eine solche? Aus pädagogischer

Sicht gilt es, weder negative noch positive Vorbilder durch die Raucher*innen zu schaffen.

- Eine Klärung zum Alkoholkonsum der über 16- bzw. 18-Jährigen »nach Feierabend« ist vor allem für das Verhalten während Freizeiten/KonfiCamps herbeizuführen. Schließlich muss weiterhin, wenn die Konfis im Bett sind, die Aufsicht gewährleistet sein. Das betrifft vor allem die Leitung.
- Sollten Konfis heimlich Bier trinken oder Zigaretten rauchen, ist sofort einzuschreiten (sprich: ihnen Zigaretten und Bier abnehmen). Dennoch sind die »Werte« die der Konfis, d.h. restliche Zigaretten und Flaschen dürfen nicht selbst konsumiert, weggeworfen oder zur Pfandabgabe gebracht werden. Im Gespräch lässt sich meist klären, ob die Konfis mit der Leitung Lösungen finden (selbst wegschütten, die Pfandflaschen werden weggebracht und das Geld bekommen sie zurück). Im Zweifelsfall sind sie den Eltern auszuhändigen. Ggf. wird später eine Konfi-Einheit zum Thema gestaltet. Dazu lohnt es sich, externe Referent*innen einzuladen, die entsprechend pädagogisch aufbereitetes Material haben. Ob die Eltern während eines Konfi-Camps eingeschaltet oder die Konfis abgeholt werden, hängt von dem Umfang der Regelüberschreitung ab.
- Bei Filmen und Spielen geben die Altersrichtlinien eine Hilfestellung. Wenn die Filme/Spiele zur Vorbereitung angeschaut werden, ist darauf zu achten, ob der Film zur Lebenssituation und Lebenserfahrung der Konfis passt und sie darin fördert oder ob schlimmstenfalls dramatische Emotionen getriggert werden.

15.2 Aufsichtspflicht

Die Aufsichtspflicht ist im BGB (bürgerliches Gesetzbuch, §§ 1626 und 1631) geregelt.[48]

Ziel der Aufsichtspflicht ist es, Schaden von Kindern bzw. Jugendlichen fernzuhalten und Dritte vor Schäden durch Kinder bzw. Jugendliche zu schützen. Haftbar ist eine Person, wenn sie der Aufsichtspflicht wissentlich oder fahrlässig nicht gerecht wird, z.B. wenn ein schädigendes Ereignis wie Nötigung und Körperverletzung herbeigeführt oder wenn eine Situation nachlässig behandelt und nicht frühzeitig eingeschritten wird.

Es geht bei der Aufsichtspflicht nicht darum, Konfis rund um die Uhr zu kontrollieren. Unfälle sind nicht komplett zu vermeiden. Allerdings gehört *definitiv* zu jeder Vorbereitung der Konfi-Zeit innerhalb von Gemeinderäumen und während Ausflügen und Camps eine Vorab-Einschätzung der Gegebenheiten. Kurz zusammengefasst gilt:

- sich selbst umfassend informieren,
- die Teilnehmenden informieren, belehren und warnen,
- die Situation überwachen und eingreifen.

Konkret heißt das:

- Potenzielle Gefahren des Ortes und einer Situation werden ausfindig gemacht (z.B.: Wie stark ist eine Straße befahren, ist der Badesee bewacht, sind Scherben auf einer Wiese?).
- Das Verhalten der Konfis wird realistisch eingeschätzt (z.B.: Ist die Gruppe bekannt, wie risikofreudig sind die Konfis, gibt es Einzelne mit körperlichen, geistigen oder gesundheitlichen Besonderheiten bzw. Einschränkungen?).
- Verhaltensregeln werden bekannt gegeben (z.B.: Das Gelände nicht ohne Genehmigung verlassen, immer in kleinen Gruppen

gehen, nicht nebeneinander Fahrradfahren, nur in diesem Strandabschnitt schwimmen, nachts findet ihr die Leitung im Zelt XY). Diese Regeln werden angepasst, wenn sich die Situation ändert. In konkreten Fällen wird vor Gefahren gewarnt.

- Die Konsequenzen werden erläutert, die Gründe dafür genannt.
- Die Verantwortlichen achten auf die Einhaltung der Regeln.
- Die Grundsituation wird im Auge behalten. Wenn sich eine Gefahrensituation anbahnt (z.B. beim Ballspielen auf dem Gehweg neben der befahrenen Straße), wird frühzeitig eingeschritten.
- Es wird sofort eingeschritten, wenn eine Gefahrensituation droht.

15.3 Prävention, Kindeswohlgefährdung

Das Strafgesetzbuch stellt den sexuellen Missbrauch von Kindern und Jugendlichen unter Strafe. Da Kirchen Trägerinnen der Jugendhilfe sind, gilt für die gemeindliche und übergemeindliche Arbeit mit Kindern und Jugendlichen das Sozialgesetzbuch (SGB), Achtes Buch (VIII): Kinder- und Jugendhilfe; §8a regelt den Schutzauftrag bei Kindeswohlgefährdung.

Sexualisierte Gewalt ist in keiner Weise zu dulden. Sie widerspricht dem, was Kirche sein soll: ein geschützter Raum und Zufluchtsort. Es ist die Aufgabe aller, die sich in der Kirche haupt- und ehrenamtlich engagieren,

- vor sexuellen Übergriffen zu schützen,
- Risiken und Räume für Missbrauch zu minimieren,
- Täter*innen-Strategien vorzubeugen und Vorfällen nachzugehen.

Die verschiedenen Landeskirchen haben Schutzprogramme entwickelt bzw. Präventionsgesetze erlassen, die die Erarbeitung von Konzepten, die Abgabe von Selbstverpflichtungserklärungen und erweiterten Führungszeugnissen, Schulungen und unabhängige Meldestellen umfassen. Solche Konzepte dienen dem Schutz der uns anvertrauten Menschen im Raum der kirchlichen Arbeit, indem wir aufmerksam und sensibel mit Konfis und Teamer*innen umgehen (siehe Kapitel 5.6: Sensibilität für grenzverletzendes Verhalten). Sie helfen, mit Teamer*innen und Konfis zu besprechen, dass Betroffene und Angehörige Ansprechpersonen haben, dass es unabhängige Meldestellen gibt, dass Kinder und junge Menschen Hilfe finden können. Konfi-Verantwortliche müssen aufmerken, wenn ihnen etwas »komisch« vorkommt (viele Signale nehmen wir diffus wahr). Es ist damit zu rechnen, dass ein junger Mensch durchschnittlich siebenmal Erwachsene anspricht, bevor eine Person den Hilferuf wahrnimmt und endlich reagiert.[49] Das ist erschreckend.

Spricht ein junger Mensch die Leitung an (unabhängig ob Konfi oder Teamer*in) oder hat die Leitung einen undeutlichen bzw. konkreten Verdacht, ist sie (gesetzlich und moralisch) verpflichtet, dem nachzugehen. Die Leitung wendet sich in dem Fall umgehend an die melde- oder präventionsbeauftragte Person oder an die hauptamtliche, vorgesetzte oder Leitungsperson. Gerade bei den Melde- und Präventionsbeauftragten können zudem Fragen gestellt, Situationen geklärt, weitere Vorgehen besprochen werden, wenn die Situation (noch) nicht eindeutig ist.

15.4 Datenschutz[50]

Die Gesetzgebung schützt die persönlichen Daten, damit sie nicht verbreitet und missbraucht werden können. Jede Person hat ein Selbst- und Mitbestimmungsrecht, was mit den eigenen, personenbezogenen Daten geschieht bzw. muss sich darauf verlassen können, dass Institutionen wie die Kirche diese Daten schützen. Personenbezogene Daten sind solche, aus denen man Rückschlüsse auf eine bestimmte Person ziehen, sie identifizieren kann. Bei jeder Anmeldung zur Konfi-Zeit werden personenbezogene Daten erhoben: vollständiger Name, Geburtsdatum, Adresse, religiöse Zugehörigkeit, Geschlecht, Telefonnummern, E-Mail-Adressen, ggf. Krankheiten und Beeinträchtigungen. Diese Daten sind nicht für die Allgemeinheit bestimmt. Wenn eine Person Kirchenmitglied ist, sind Teile davon im Melderegister gespeichert und unterliegen dort den gesetzlichen Regelungen. Beeinträchtigungen und Krankheiten, Telefonnummern und E-Mail-Adressen sind zusätzlich wichtig für die Konfi-Zeit. Deshalb wird transparent dargestellt, wofür diese Daten genutzt werden (z.B. Informationsweitergabe bzw. Korrespondenz an die Konfis & Eltern, Fürsorge bei Freizeiten) und wie lange sie aufbewahrt werden. Besonders sensible Daten (wie z.B. die Angaben zu Krankheiten, Allergien und Beeinträchtigungen), die für gemeinsame Fahrten, Camps und Mittagessen notwendig sind, dürfen nur so lange aufbewahrt werden, solange es erforderlich ist (z.B. für die Dauer der Konfi-Zeit oder für die Dauer eines Camps + einer verabredeten Zeit danach, insbesondere wenn Krankheitssituationen auftraten) und müssen dann gelöscht bzw. vernichtet werden. Wenn nach der Konfi-Zeit Anschluss-Angebote gemacht werden sollen, empfiehlt es sich, mit den Eltern die weitere Verwendung von Telefon-Nummern und E-Mail-Adressen zu klären.

Sehr sensibel wird es, wenn wir uns im Bereich der social medias bewegen. Daher: immer die anerkannt abgesicherten Messenger-Dienste bzw. Apps nutzen. Die Faustregel lautet: immer alles mit den Eltern besprechen und schriftlich bestätigen lassen. Eltern und Konfis schätzen eine transparente Handhabung und werden zumeist weiteren Kontakt fördern.

15.5 Urheberrechte Musik

Alle, die Musik produzieren, komponieren und Songs verfassen, sind durch das Urheberrecht geschützt. Für ihre Arbeit sollen sie fair entlohnt werden. Die GEMA (Gesellschaft für musikalische Aufführungs- und mechanische Vervielfältigungsrechte) stellt sicher, dass die Urheber*innen bei Nutzung ihrer Musik bzw. Liedtexte Geld bekommen. Unser Umgang mit selbst zusammengestellten Liederheften, Kopien, Musiknutzung hat zusätzlich zu Recht und Gesetz Vorbildfunktion für die Konfis und Teamer*innen. Die EKD hat einen Gesamtvertrag mit der GEMA abgeschlossen, der alles abdeckt, was mit Liedern im Gottesdienst geschieht. Öffentliche Konzerte, Veranstaltungen mit Eintrittsgeldern etc. fallen *nicht* darunter.

Für die typischen und häufigsten Nutzungen von Musik im kirchlichen Bereich hat die EKD übersichtliche Formulare zusammengestellt:

- Vervielfältigen und Kopieren von Liedern für den Gemeindegesang: https://www.kirchenrecht-ekd.de/document/15016
- Vertrag über die Wiedergabe von Musikwerken bei Kirchenkonzerten und Veranstaltungen: https://www.kirchenrecht-ekd.de/document/3084

- Downloads Musiknutzung und Urheberrecht: https://www.ekd.de/Download-Formulare-Recht-22192.htm
- Alle allgemeinen Hinweise zur Nutzung von Musik stehen auf der Homepage der GEMA: https://www.gema.de.

15.6 Bildrechte, Urheberrechte

Das allgemeine Persönlichkeitsrecht ist gesetzlich geschützt. Dazu gehört das Recht am eigenen Bild:

- Grundsätzlich dürfen Fotos nur mit Einwilligung der abgebildeten Person veröffentlicht bzw. verbreitet werden (§ 22, Kunsturheberrechtsgesetz). Fotos über WhatsApp zu verschicken gilt als Verbreitung.
- Gruppenaufnahmen bedürfen einer Genehmigung – und zwar von allen, die erkennbar darauf abgebildet sind.
- Bei Minderjährigen muss eine erziehungsberechtigte Person die Einverständniserklärung unterschreiben – selbstverständlich werden die jungen Menschen zuerst selbst gefragt!

Das Strafgesetzbuch (§ 201a) regelt darüber hinaus, dass man z.B. keine Person fotografieren darf, wenn durch das Bild ihre Hilflosigkeit zur Schau gestellt wird. Das verletzt den *höchstpersönlichen Lebensbereich.*

Das hört sich an, als ob gar keine Fotos mehr gemacht werden dürfen. Aber es gibt einige Vorgehensweisen und Regeln, die einen guten Rahmen geben:

- Mit Konfis und ihren Erziehungsberechtigten wird von vornherein abgeklärt, dass fotografiert wird und zu welchem Zweck

(z.B. zur Erinnerung für die Konfis, zum Zeigen beim Elternabend, ein Foto für die Zeitung kurz vor der Konfirmation). Und dass selbstverständlich vor jedweder Verbreitung oder Veröffentlichung eine Einverständniserklärung eingeholt wird.
- Mit den Konfis wird besprochen, in welchen Situationen fotografieren tabu ist und dass einem »Ich will das nicht« zu folgen ist.
- Es werden Fotosessions für unbedenkliche Fotos gemeinsam inszeniert, z.B. alle laufen dem Sonnenuntergang entgegen und die Konfis sind nur von hinten oder als Schatten zu sehen; viele Füße im Sand; viele Hände werfen einen Ball hoch.
- Es wird sich darauf verständigt, dass mit einer Fotokamera fotografiert wird. Dann sehen alle, wann »Fotozeit« ist, und die Konfis können sich dazu verhalten (aus dem Bild gehen, Bescheid sagen, wenn sie nicht aufs Bild möchten ...).

Das Urheberrecht bezüglich Fotos regelt auch die Rechte der fotografierenden Person (Kunsturheberrechtsgesetz). Sie muss ihr Einverständnis zur Veröffentlichung geben. Ihr Name wird bei der Veröffentlichung des Bildes mit angegeben, z.B. am Ende eines Erinnerungsfotobooks, einer Präsentation, unter dem Bild im Flyer.

15.7 Konfi-Ordnungen der Landeskirchen

Die Konfi-Ordnungen der jeweiligen Landeskirchen legen fest, wie die Konfi-Zeit vor Ort umgesetzt werden soll. Zu den typischen Inhalten der Konfi-Ordnungen gehören z.B. der zeitliche Mindestumfang der Konfi-Zeit, die Regelungen in Konfliktfällen, die inhaltliche Ausrichtung.

Die Konfi-Ordnungen werden in größeren Abständen aktualisiert und greifen die aktuellen gesellschaftlichen Entwicklungen auf, z.B.

- geben nicht mehr alle Konfi-Ordnungen festgelegte Inhalte für die Konfi-Zeit vor. Sie stärken die inhaltliche Gestaltung der gemeinsamen Zeit anhand der aktuellen Themen und Situation vor Ort, sowie die Ausrichtung an der Lebenswirklichkeit der Konfis.
- regeln sie, wie ein Segen für die Konfis gestaltet werden kann, die zwar aktiv dabei sind, sich aber nicht für die Taufe oder Konfirmation entscheiden,
- geben sie vor, wie vor Ort mit der Abendmahlsteilnahme von ungetauften jungen Menschen umgegangen wird.

Da sich die Ordnungen der Landeskirchen unterscheiden, verweisen wir an dieser Stelle auf die gemeinsame Website der Beauftragten für Konfi-Arbeit der einzelnen Landeskirchen: www.Konfi-Arbeit.de.

16 ERMUTIGUNG ALS SCHLUSSWORT

»Gott segne und berühre dich …« Wenn Konfis ihre Entdeckungen ausdrücken, entstehen Gänsehautmomente. Worte verändern sich, Bedeutungen werden hervorgehoben, die Wirklichkeit wird durchlässig für den Himmel. Oft geschieht dies in Kontexten, in denen man gar nicht damit rechnete bzw. gerade Gefahr lief, sich die Haare zu raufen.

Wir sind am Ende des Buches angekommen. Vielleicht haben Sie das Buch von vorne bis hinten durchgelesen, vielleicht in einigen Kapiteln gestöbert. Manches wird Ihnen bekannt sein, manches ein Aha-Erlebnis erzeugt haben. Manches war eingängig, anderes zum Nachdenken, einiges brachte weiterführende Ideen und Gedanken hervor.

Vielleicht haben Sie manchmal gedacht: Puh, das soll ich auch noch berücksichtigen, das muss ich auch noch können und darauf soll ich auch noch achten? Wann soll das alles sein?

Wir hoffen, dass Ihnen beim Lesen vor allem die Lust auf's Ausprobieren gewachsen ist. Schließlich ist auch Pädagogik ein Feld des „learning by doing“. Allmählich wird sich ein neuer Gesprächsstil etablieren, neues methodisches Handwerkszeug ergänzt das bewährte und alle Beteiligten haben das Gefühl von guter Atmosphäre in gelungener Zusammenarbeit.

Wir möchten Sie dazu ermutigen auszuprobieren, wie das Beachten von pädagogischen Grundlagen zum einen die gemeinsame Zeit erleichtert, zum anderen allen zu einer wirklichen Auseinandersetzung mit Gott, dem Leben, den eigenen Fragen, dem Menschsein verhilft.

Übrigens: Viele der in diesem Buch geschilderten Grundlagen gelten – in Abstimmung auf die jeweilige Zielgruppe – für alle Bereiche der Gemeindearbeit, in denen Sie Leitungsfunktion für eine Gruppe übernehmen: die Jugendgruppe, die Familienfreizeit, die Weltgebetstags-Vorbereitungsgruppe, den Bibel-Gesprächskreis und für den Kirchenvorstand.

Wenn Sie Unterstützung in einem der Bereiche in der Konfi-Zeit brauchen, erkundigen Sie sich, wer in Ihrem Kirchenkreis/Dekanat oder Landeskirche für die Konfi-Zeit beauftragt ist. Oft hilft ein Gespräch!

Wir wünschen allen Konfi-Leitenden viel Freude, Tiefsinn, Beobachtungsgabe, Kreativität, Lachen, Gotteskraft, mit anderen Worten: Gottes Segen für die Konfi-Zeit!

17 LITERATURVERZEICHNIS

Grundlagenwerke Bildung, Pädagogik, Didaktik und Konfi-Arbeit

- Bay, Rolf H.: Erfolgreiche Gespräche durch aktives Zuhören, Renningen 2006
- Becker, Florian: Teamarbeit, Teampsychologie, Teamentwicklung. So führen Sie Teams, Cham (Schweiz), 2016
- Benner, Dietrich: Allgemeine Pädagogik. Eine systematisch-problemgeschichtliche Einführung in die Grundstruktur pädagogischen Denkens und Handelns, *überarb.* 5. Aufl., Weinheim 2005
- Calmbach, Mark / Flaig, Bodo, Edwards, James, Möller-Slawinski, Heide, Borchard, Inga, Schleer, Christoph: SINUS-Jugendstudie 2020. Lebenswelten Jugendlicher im Alter von 14 bis 17 Jahren in Deutschland, hg. von der Bundeszentrale für politische Bildung, Bonn 2020
- Caillois, Roger: Die Spiele und die Menschen: Maske und Rausch, 1958, Frankfurt a.M. 1982
- Deutsche Bibelgesellschaft: Die Bibel nach der Übersetzung Martin Luthers, Stuttgart 2017
- Ebinger, Thomas / Böhme, Thomas u.a. (Hg.): Handbuch Konfi-Arbeit, 2. Auflage, Gütersloh 2018
- Gordon, Thomas: Die Familienkonferenz, München 1989
- Grünwaldt, Klaus / Han, Udo (Hg.): Bildung als religiöse und ethische Orientierung. Dokumentation der XIII. Konsultation Kirchenleitung und wissenschaftliche Theologie, VELKD, Hannover 2004
- Huizinga, Johan: Homo Ludens. Vom Ursprung der Kultur im Spiel, Reinbek 1987

- Landesjugendpfarramt der Nordkirche: Evangelische Ferienfreizeiten unter der empirischen Lupe. Ein Forschungsprojekt des Landesjugendpfarramtes der Nordkirche, Plön 2018
- Loccumer Pelikan, Religionspädagogisches Magazin des RPI, Loccum, Ausgabe 4/2020
- Pohl-Patalong, Uta: Religionspädagogik. Ansätze für die Praxis in der Reihe elementar-Arbeitsfelder im Pfarramt, Göttingen 2013
- Rahner, Hugo: Der spielende Mensch, 12. Aufl., Einsiedeln 2016
- Raithel, Jürgen / Dollinger, Bernd / Hörmann, Georg: Einführung Pädagogik. Begriffe, Strömungen, Klassiker, Fachrichtungen, Wiesbaden 2005
- Rat der EKD: Kirche und Jugend. Lebenslagen, Begegnungsfelder, Perspektiven. Handreichung des Rates der Evangelischen Kirche in Deutschland, Gütersloh 2010
- Rosenberg, Marshall: Gewaltfreie Kommunikation. Eine Sprache des Lebens, 11. Aufl., Paderborn 2013
- Schiller, Friedrich: Über die ästhetische Erziehung des Menschen, 1795, Stuttgart 2008
- Schneider, Wolfgang / Lindenberger, Ulman (Hg.): Entwicklungspsychologie, 8. Aufl., Weinheim 2018
- Schulz von Thun, Friedemann: Miteinander reden (Bd 1-3), Reinbek (1981), Sonderausgabe 2005
- Simojoki, Henrik / Ilg, Wolfgang / Schlag, Thomas / Schweitzer, Friedrich: Zukunftsfähige Konfirmandenarbeit: Empirische Erträge – theologische Orientierungen – Perspektiven für die Praxis, Gütersloh 2018
- Tuckman, Bruce: Developmental sequences in small groups, in: Psychological bulletin 63 (1965), S. 384ff

Literatur Konfi-Zeit

- Adler, Heinz / Feußner, Hartmut / Schlenker-Gutbrod, Karin: Teamer in der Konfirmandenarbeit: Schulungsmodule für Ehrenamtliche, Gütersloh 2007

- Baer, Ulrich: 666 Spiele: für jede Gruppe, für alle Situationen, Stuttgart 2009
- Berg, Sigrid: Biblische Bilder und Symbole erfahren. Ein Material- und Arbeitsbuch, Stuttgart 1996
- Butt, Christian / Niemann, Dieter / Trenn, Olaf: Einfach mal feiern, Außergewöhnliche Ideen für Feste und Feiern mit Konfirmandinnen und Konfirmanden, Göttingen 2021
- Butt, Christian / Trenn, Olaf: Einfach mal machen. Außergewöhnliche Ideen für die Arbeit mit Konfirmandinnen und Konfirmanden, Göttingen 2019
- Ebinger, Thomas / Haller, Judith / Sohn, Stephan: Toolpool. 200 bewährte und neue Methoden für die Konfi- und Jugendarbeit, Stuttgart 2021
- Fachausschuss Erlebnispädagogik ejw: Sinn gesucht, Gott erfahren. Erlebnispädagogik im christlichen Kontext, 3. Aufl., Stuttgart 2014
- Franke, Rainer / Thiele-Petersen, Astrid (Hg.): Das Neue Teamer-HandBuch. Für Ehrenamtliche in der Konfirmandenarbeit, 3. Aufl., Gütersloh 2022
- Freudenberger-Lötz, Petra: Theologische Gespräche mit Jugendlichen. Erfahrungen – Beispiele – Anleitungen, München 2012
- Gilsdorf, Rüdiger / Kistner, Günter: Kooperative Abenteuerspiele Bd 1+2, 20. Aufl., Seelze 2010
- Großer, Achim / Schlenker-Gutbrod, Karin: Verknüpfen. Jugend- und Konfirmandenarbeit, Stuttgart 2006
- Haeske, Carsten / Redhead, Irmela / Weusten, Steffen (Hg.): Das Evangelium ins Zelt setzen. Werkbuch KonfiCamps, Gütersloh 2021
- Hartebrodt-Schwier, Elke: Aufstellungsarbeit mit Figuren zu biblischen Geschichten, Neukirchen-Vluyn, Neukirchener Verlag, 2020
- Hausy, Uwe (Hg.): Bibel kreativ. Andachten und mehr – bewegen, erzählen, spielen. Mat-Heft 124, Zentrum Verkündigung EKHN 2015
- Hausy, Uwe (Hg.): Theater im Gottesdienst. Texte, Tipps und Techniken, Mat-Heft 106, EKHN, Zentrum Verkündigung, 200

- Hecht, Anneliese: Bibelerfahren. Methoden ganzheitlicher Bibelarbeit, Stuttgart 2001
- Hecht, Anneliese: Kreative Bibelarbeit. Methoden für Gruppen und Unterricht, 4. Aufl., Stuttgart 2015
- Hübner, Reinhard / Langbein, Ekkehard: Biblische Geschichten in der Konfirmandenarbeit. Leibhaft glauben lernen, Hamburg 1997
- Ickler, Theresa / Karcher, Florian / Westhauser, Stefan: Step out. Sinn gesucht – Gott erfahren, Stuttgart 2019
- Keßler, Hans-Ulrich / Nolte, Burkhard: Konfis auf Gottsuche. Der Kurs, Handbuch für Unterrichtende, Gütersloh 2019
- Lütz, Seven-Olaf / Quattlender, Andreas: Erlebnisorientierte Konfirmandenarbeit. Konzeption und Gestaltung, 3. Aufl., Düsseldorf 2003
- Maschwitz, Gerda u. Rüdiger: Von Phantasiereise bis Körperarbeit. Existentielle Methoden – gekonnt eingesetzt. Ein Handbuch für die Praxis, München 2004
- Müller, Ingo / Nöh, Timo / Sander, Simon / Stöhr, Michael: Der geheimnisvolle Raum. 7 live Escape games zur Bibel, 2. Aufl., Stuttgart 2017
- Portman, Rosemarie: Die 50 besten Spiele zur Inklusion, 6. Aufl., München 2021
- Raithel, Jürgen / Dollinger, Bernd / Hörmann, Georg: Einführung Pädagogik – Begriffe, Strömungen, Klassiker, Fachrichtungen, Wiesbaden 2005
- Schwaderer, Ulrich / Wiedmayer, Jörg / Wöhrbach, Simon (Hg.), Sinn gesucht – Gott erfahren 3: Erlebnispädagogik in zeitbegrenzten Räumen mit christlichem Kontext, Stuttgart 2018
- Thiele-Petersen, Astrid: Bibliotanz. Biblische Texte im Tanz erleben. Das Praxisbuch, Neukirchen-Vluyn 2018
- Thiele-Petersen, Astrid / Franke, Rainer: Mein Leben und die Bibel. Lebensrelevante Konfi-Arbeit mit erfahrungsorientierten Methoden, Göttingen 2019
- Veit-Jakobus, Dieterich: Theologisieren mit Jugendlichen. Ein Programm für Schule und Kirche, Stuttgart 2012

Links

- ALPIKA-Konfi-Arbeit, Abrufdatum 12.10.2022, https://konfi-arbeit.de/
- Amt für Jugendarbeit der Evangelischen Kirche von Westfalen: Spiritualität von Jugendlichen, 2010, Abrufdatum: 12.10.2022, https://www.ev-jugend-westfalen.de/grundsaetzliches/studie-spiritualtaet-von-jugendlichen/
- Arbeitsgemeinschaft der Evangelischen Jugend in Deutschland e. V. (aej): Aufsichtspflicht, Abrufdatum: 12.10.2022, https://www.aej.de
- Arbeitsgemeinschaft der Evangelischen Jugend in Deutschland e. V. (aej): Inklusionscheck für die Kinder- und Jugendarbeit, Abrufdatum 12.10.2022, https://www.aej.de/politik/inklusion
- Arbeitsstab der Unabhängigen Beauftragten für Fragen des sexuellen Kindesmissbrauchs, Abrufdatum: 12.10.1022, https://beauftragte-missbrauch.de/
- Bundesrepublik Deutschland, vertreten durch den Bundesminister der Justiz: Jugendschutzgesetz, Abrufdatum: 12.10.2022, https://www.gesetze-im-internet.de/juschg/BJNR273000002.html
- Deutsche Bibelgesellschaft: KonApp, Abrufdatum: 12.10.2022, https://www.konapp.de/
- Deutsches Jugendinstitut (Hg.): Jung und queer, DJI Impulse 2/18, www.dji.de
- Evangelische Kirche in Deutschland (EKD): 12 Thesen des Rates der EKD, 2013, Abrufdatum: 12.10.2022, https://www.ekd.de/these_12.htm
- Evangelische Kirche in Deutschland (EKD): Downloads Musiknutzung und Urheberrecht, Abrufdatum: 12.10.2022, https://www.ekd.de/Download-Formulare-Recht-22192.htm
- Evangelische Kirche Deutschlands (EKD): Gezählt 2021. Zahlen und Fakten zum kirchlichen Leben, Abrufdatum: 27.9.2022, https://www.ekd.de/ekd_de/ds_doc/Gezaehlt_zahlen_und_fakten_2021.pdf
- Evangelische Kirche in Deutschland (EKD): Kirchengesetz über den Datenschutz der Evangelischen Kirche in Deutschland, Abrufdatum

12.10.2022, https://www.kirchenrecht-ekd.de/document/41335; https://www.kirchenrecht-ekd.de/document/15016

- Evangelische Kirche in Deutschland (EKD): Konfirmation. Mündiges Mitglied werden, Abrufdatum 27.9.2022, https://www.ekd.de/Konfir mation-10846.htm
- Evangelische Kirche in Deutschland (EKD): Vertrag über die Wiedergabe von Musikwerken bei Kirchenkonzerten und Veranstaltungen, Abrufdatum 12.10.2022, https://www.kirchenrecht-ekd.de/document/3084
- Gesellschaft für musikalische Aufführungs- und mechanische Vervielfältigungsrecht (GEMA), Abrufdatum: 12.102022, https://www.gema.de
- Junge Nordkirche, Zentrum für Kinder, Jugendliche und junge Erwachsene der Evangelisch-Lutherischen Kirche in Norddeutschland: Chatseelsorge, Abrufdatum: 12.10.2022, https://www.schrei benstattschweigen.de/
- Junge Nordkirche, Zentrum für Kinder, Jugendliche und junge Erwachsene der Evangelisch-Lutherischen Kirche in Norddeutschland: Teamercard der Nordkirche, Abrufdatum: 12.10.2022, https://www.teamercard.de
- Junge Nordkirche, Zentrum für Kinder, Jugendliche und junge Erwachsene der Evangelisch-Lutherischen Kirche in Norddeutschland: Koppelsberger Spielekartei, Abrufdatum: 6.10.2022, https://koppelsberger-spielekartei.de/home
- Kolb, Herbert: Theologisieren mit Jugendlichen und Erwachsenen, Abrufdatum: 6.10.2022, www.theologisieren.de
- Landesjugendring Niedersachsen e.V.: Juleica Praxisbuch Q*. Queere Vielfalt in der Jugendarbeit, Hannover 2019, Abrufdatum: 6.10.2022, www.ljr.de
- Medienpädagogischer Forschungsverbund Südwest (mpfs): Jim-Studie. Jährliche Basisuntersuchung zur Mediennutzung von 12–19-Jährigen, Abrufdatum: 6.10.2022, https://www.mpfs.de/startseite/
- Medienanstalt Rheinland-Pfalz: Medienerziehung. Infos & Tipps für Eltern, Abrufdatum 12.10.2022, https://www.klicksafe.de/

- Neumeier, Lutz: Neumedier, Abrufdatum: 12.10.2022, http://neu medier.de/
- Ruth-Cohn-Institut: Themenzentrierte Interaktion, Abrufdatum 28.9.2022, https://www.ruth-cohn-institute.org/tzi-konzept.html
- Shell Deutschland GmbH: Zusammenfassung Shell-Jugendstudie, Abrufdatum 12.10.2022, www.shell.de/ueber-uns/initiativen/shell-jugendstudie.html/
- Schweikert, PD Dr., Wolfhardt, 2017: Beratungsleitfaden für inklusiven Konfi-Arbeit, Abrufdatum: 12.10.2022, https://www.ptz-rpi.de/fileadmin/user_upload/ptz/einzelhomepageseite/inklusion/Inklusion-gemeinde-pdf/2017_Beratungsleitfaden_INKA.pdf
- Universitätsklinikum Hamburg-Eppendorf (UKE): COPSY-Studie, 3. Befragung, Abrufdatum 27.9.2022, www.UKE.de, Downloads/copsy_3.-befragung_pm20220209-1.pdf
- Unterrichtsprinzipien, 2022, in Wikipedia, Abrufdatum: 26.10.2022, https://de.wikipedia.org/wiki/Unterrichtsprinzipien
- Schulz von Thun Institut für Kommunikation, Abrufdatum: 12.10.2022, https://www.schulz-von-thun.de/
- Weber, Olga: Didaktische Prinzipien in Pädagogik und Psychologie, 2021, Abrufdatum: 6.10.2022., https://pädagogik-und-psychologie.de/didaktische-prinzipien

DANKSAGUNG

Wir danken unseren Kolleg*innen Angela Jahn, Dirk Kähler und Lutz Thiele, die bei der Entstehung des Buches probe-gelesen, uns bestärkt, kritisiert und ergänzt haben!

Unser Dank gilt außerdem Renate Hofmann vom Gütersloher Verlagshaus für ihr ausgezeichnetes teamorientiertes Lektorat, das unser Buch bereichert hat.

ANMERKUNGEN

1 Evangelische Kirche Deutschlands (EKD): Gezählt 2021. Zahlen und Fakten zum kirchlichen Leben, Abrufdatum: 27.9.2022, https://www.ekd.de/ekd_de/ds_doc/Gezaehlt_zahlen_und_fakten_2021.
2 »Auf die Konfirmation bereiten sich die Mädchen und Jungen vor im Konfirmandenunterricht.« Evangelische Kirche Deutschlands (EKD): Konfirmation. Mündiges Mitglied werden, Abrufdatum 27.9.2022, https://www.ekd.de/Konfirmation-10846.htm.
3 Nach Magda Kelber, vielfach in der Literatur übernommen. Die ursprüngliche Quelle ist nicht mehr zu ermitteln.
4 Vgl. Ebinger, Thomas: Methoden in der Konfi-Arbeit, in: Ebinger, Thomas / Böhme, Thomas / Hempel, Matthias / Kolb, Matthias / Plagentz, Achim (Hg.): Handbuch Konfi-Arbeit, 2. Auflage, Gütersloh 2018, S. 162.
5 Diese Aufstellung ist eine Zusammenstellung aus diverser Literatur, siehe »Mehr lesen« am Ende des Kap 1: Didaktik.
6 Vgl. Simojoki, Henrik / Ilg, Wolfgang / Schlag, Thomas / Schweitzer, Friedrich: Zukunftsfähige Konfirmandenarbeit: Empirische Erträge – Theologische Orientierungen – Perspektiven für die Praxis, Gütersloh 2018, S. 159.
7 Das Wort »Ziele« wird oft so verstanden, dass etwas erreicht werden kann und muss, das überprüfbar ist: Ein paar Texte müssen auswendig gelernt werden, soundso viele Gottesdienste müssen besucht werden, die Geschichten sollen verstanden werden. Zählt man solche Ziele auf, leuchtet sofort ein, dass sie den Sinn und Wert von Glauben, Kirche und Gemeinschaft kaum erfassen. Wir verstehen »Ziele« als Chancen und Ermöglichungen.
8 Vgl. Simojoki, Henrik u.a.: Zukunftsfähige Konfirmandenarbeit, S. 160.
9 Ebd., S. 158.
10 Vgl. Simojoki, Henrik u.a.: Zukunftsfähige Konfirmandenarbeit, S. 156f.
11 Die Zusammenstellung dieses Kapitels beruht auf: Weichold, Karina / Silbereisen, Rainer K.: Jugend (10-20 Jahre), in: Schneider, Wolfgang / Lindenberger, Ulman (Hg.): Entwicklungspsychologie, 8. Aufl., Weinheim 2018, S. 239-263. Die Aussagen dieses Kapitels beziehen sich vor allem auf junge Menschen, die in Deutschland aufwachsen und einen eher westlich-weltlichen oder -christlichen Hintergrund haben. Bei jungen Menschen anderer kultureller und religiöser Wurzeln verlaufen einige Entwicklungen und Veränderungen anders, z.B. spielt die Religionszugehörigkeit eine viel größere Rolle. Werden Aussagen durch andere Quellen belegt, erhalten diese eine gesonderte Fußnote.
12 Vgl. Simojoki, Henrik u.a.: Zukunftsfähige Konfirmandenarbeit, S. 189-201.
13 Die hier dargestellten Inhalte sind entnommen: Universitätsklinikum Hamburg-Eppendorf (UKE): COPSY-Studie, 3. Befragung, Abrufdatum 27.9.2022, www.UKE.de, Downloads/copsy_3.-befragung_pm20220209-1.pdf.
14 Vgl. Calmbach, Mark / Flaig, Bodo u.a.: SINUS-Jugendstudie 2020. Lebenswelten Jugendlicher im Alter von 14 bis 17 Jahren in Deutschland, Bundeszentrale für politische Bildung, Bonn 2020.
15 Vgl. Calmbach, Mark u.a., Sinusstudie, S. 410.
16 Vgl. Kopp, Hansjörg: Lebenswelten und Bildungsorte von Konfis, in: Ebinger, Thomas u.a. (Hg.): Handbuch, S. 27.
17 Vgl. Simojoki, Henrik u.a.: Zukunftsfähige Konfirmandenarbeit, S. 49 und 97.
18 Vgl. Lohrer, Jörg: Jugendliche und Medien, in: Ebinger, Thomas u.a. (Hg.): Handbuch, S. 33.
19 Vgl. Schneider, Wolfgang u.a. (Hg.): Entwicklungspsychologie, S. 257.
20 Vgl. Kopp, Hansjörg: Lebenswelten und Bildungsorte von Konfis, in: Ebinger, Thomas u.a. (Hg.): Handbuch, S. 21.

21 www.teamercard.de.
22 Weitgehende Partizipation wird in immer mehr Landeskirchen über ein Kinder- und Jugendgesetz geregelt.
23 Nach Tuckman, Bruce: Developmental sequences in small groups, in: Psychological bulletin 63 (1965), S. 384ff. Vgl. Becker, Florian: Teamarbeit, Teampsychologie, Teamentwicklung. So führen Sie Teams, Cham (Schweiz) 2016.
24 Vgl. Bürgisser, Tamara / Zubke, Sabrina: Queerness und Gender diversity, in: Haeske, Carsten u.a. (Hg.): Werkbuch KonfiCamps, S. 206.
25 Vgl. Radke, Ellen: Gender, in: Ebinger, Thomas u.a. (Hg.): Handbuch, S. 52f.
26 Vgl. ebd., S. 49 und 52.
27 Diese Darstellung stammt aus: Schulz von Thun, Friedemann: Miteinander reden (Bd 1), Reinbek (1981), Sonderausgabe 2005.
28 Nach Rosenberg, Marshall B.: Gewaltfreie Kommunikation, 11. Aufl., Paderborn 2013.
29 Die hier vorgestellten Ergebnisse stammen weitgehend aus der Pilotstudie »Spiritualität von Jugendlichen«, im Auftrag des Amtes für Jugendarbeit der Evangelischen Kirche von Westfalen, 2010, Abrufdatum: 12.10.2022, https://www.ev-jugend-westfalen.de/grundsaetzliches/studie-spiritualtaet-von-jugendlichen/. Die Ergebnisse haben sich in den neuen Studien nicht maßgeblich verändert, vgl. die Zusammenfassung der Ergebnisse der 18. Shell-Jugendstudie, Shell Deutschland GmbH, Abrufdatum: 12.10.2022, www.shell.de/ueber-uns/initiativen/shell-jugendstudie.html/.
30 Vgl. Schneider, Wolfgang u.a. (Hg.): Entwicklungspsychologie, S. 261.
31 Vgl. Simojoki, Henrik u.a.: Zukunftsfähige Konfirmandenarbeit, S. 147.
32 Vgl. Schneider, Wolfgang u.a. (Hg.): Entwicklungspsychologie, S. 261.
33 Vgl. Simojoki, Henrik u.a.: Zukunftsfähige Konfirmandenarbeit, S. 145-147.
34 Schiller, Friedrich: Über die ästhetische Erziehung des Menschen, 1795, Stuttgart 2008.
35 Vgl. Huizinga, Johan: Homo Ludens. Vom Ursprung der Kultur im Spiel, Reinbek 1987.
36 Vgl. Caillois, Roger: Die Spiele und die Menschen: Maske und Rausch, 1958, Frankfurt a.M. 1982.
37 Die einleitende Beschreibung dieses Kapitels basiert maßgeblich auf: Ickler, Theresa / Karcher, Florian / Westhauser, Stefan: Step out. Sinn gesucht – Gott erfahren, Stuttgart 2019, S. 15ff.
38 Seit 1998 wird vom Medienpädagogischen Forschungsverbund Südwest (mpfs) eine jährliche Basisuntersuchung zur Mediennutzung von 12–19-Jährigen durchgeführt (Jim-Studie), https://www.mpfs.de/startseite/.
39 www.klicksafe.de bietet aktuelle, qualitativ hochwertige Hilfestellungen zu aktuellen Themen, z.B. Medienberichterstattung, Auszeiten vom onlife, Umgang mit spezifischen Themen.
40 Z.B. https://www.schreibenstattschweigen.de/.
41 Einige Methoden sind angelehnt an: Franke, Rainer/Thiele-Petersen, Astrid (Hg.): Das Neue TeamerHandBuch, S.115-117.
42 Vgl. Kolb, Herbert auf www.theologisieren.de.
43 Vgl. für den Schulkontext/Sekundarstufe: Freudenberger-Lötz, Petra: Theologische Gespräche, S.12.
44 Ebd. S. 15-17.
45 Vgl. Simojoki, Henrik u.a.: Zukunftsfähige Konfirmandenarbeit, S. 159-163.
46 Vgl. Landesjugendpfarramt der Nordkirche, Evangelische Ferienfreizeiten unter der empirischen Lupe. Ein Forschungsprojekt des Landesjugendpfarramtes der Nordkirche, Plön 2018, S. 85.
47 Alle Gesetze und deren Einzelheiten unter: https://www.gesetze-im-internet.de/juschg/BJNR273000002.html, Abrufdatum: 11.7.2022.
48 Eine kurze verständliche Information zum Thema »Aufsichtspflicht« findet sich auf der Website der aej, Abrufdatum: 12.10.2022: https://www.aej.de/.
49 Vgl. Arbeitsstab der Unabhängigen Beauftragten für Fragen des sexuellen Kindermissbrauchs, Abrufdatum: 12.10.2022, https://beauftragte-missbrauch.de/.
50 Vgl. Evangelische Kirche in Deutschland: Kirchengesetz über den Datenschutz der Evangelischen Kirche in Deutschland, Abrufdatum: 12.10.2022, https://www.kirchenrecht-ekd.de/document/41335.

Sollte diese Publikation Links auf Webseiten Dritter enthalten, so übernehmen wir für deren Inhalte keine Haftung, da wir uns diese nicht zu eigen machen, sondern lediglich auf deren Stand zum Zeitpunkt der Erstveröffentlichung verweisen.

Penguin Random House Verlagsgruppe FSC® N001967

1. Auflage

Umschlagmotiv: © Zarya Maxim Alexandrovich – shutterstock.com
Druck und Bindung: GGP Media GmbH, Pößneck
Printed in Germany
ISBN 978-3-579-07473-3
www.gtvh.de